国家出版基金项目
NATIONAL PUBLICATION FOUNDATION

课程教材研究所 组织研究

深度学习教学改进丛书

张国华 主编

刘月霞 副主编

吴忠豪 丁炜 吕映 等 著

深度学习：走向核心素养

（学科教学指南·小学语文）

教育科学出版社

·北 京·

丛书编委会

主 任 委 员：张国华

副主任委员：

曾天山　刘月霞　江　嵩　莫景祺　韩春勇

委　　　员（按姓氏笔画排序）：

马云鹏　王　健　王　蔷　王云峰　王月芬

王尚志　刘　莹　刘卫红　刘晓玫　齐渝华

孙彩平　李　冉　李　进　李　锋　李月琴

李春密　李晓东　杨晓哲　吴忠豪　何成刚

陈雁飞　林培英　易　进　罗　滨　郑　莉

郑　葳　郑永和　郑桂华　胡久华　胡知凡

姚守梅　顾建军　徐淀芳　郭　华

本册作者团队

吴忠豪　丁　炜　吕　映　柏春庆　郝婧坤　金晓润　高　青
景洪春　王明霞　刘　敏　赵　莉　季佳赟　吴　莹　张　路
季　晨　解菊香　王　欣　王　芸　刘　柯　何　蕊　程　润
王晓英　冯益勇　刘　莉

丛书序

党的十八大以来，习近平总书记立足世界发展大势和国家发展全局，着眼中华民族复兴伟大梦想，紧紧围绕"培养什么人、怎样培养人、为谁培养人"这个根本问题，作出了一系列关于教育的重要论述。2019年，《中共中央 国务院关于深化教育教学改革全面提高义务教育质量的意见》《国务院办公厅关于新时代推进普通高中育人方式改革的指导意见》对义务教育和普通高中教学改革的方向提出了明确要求，强调要培养学生学习能力，积极探索基于情境、问题导向的互动式、启发式、探究式、体验式等课堂教学，促进学生系统掌握各学科基础知识、基本技能、基本方法，培养适应终身发展和社会发展需要的正确价值观念、必备品格和关键能力。

为贯彻落实习近平总书记关于教育的重要论述和中央关于基础教育教学改革的决策部署，教育部先后印发了新修订的普通高中和义务教育课程方案及各学科课程标准，把党的教育方针中关于学生德智体美劳全面发展的总体要求具体化、细化为各门课程要培养的核心素养并提出了具体的教学要求，基础教育教学改革进入以培养学生核心素养为主要任务的新阶段。

在落实课程标准理念要求过程中我们看到，教学实践层面面临诸多问题和困难。例如，学生主体地位无法完全落实，教学模式化、问题形式化、表面化以及"教教材"依旧突出，缺乏创新性转化，特别是教师开展基于课程标准、指向核心素养培育的系统教学设计和实施的能力还不够强，出现教学目标虚化、教学内容琐碎、教学方式和教学评价固化单一等问题。

为向各地教研员和教师开展基于课程标准的教学提供方向引领与行动指导，2014 年以来，教育部基础教育课程教材发展中心（现课程教材研究所）组织百余位课程、学科领域的教育专家以及优秀教研员和骨干教师，在总结我国课程教学改革经验的基础上，以边研究、边实验、边总结提炼的行动策略，研发了深度学习教学改进项目，开展基础理论研究和义务教育阶段实践研究。2019 年，为顺应深化普通高中课程改革工作的迫切需要，探索落实新修订普通高中课程标准的实践路径，在持续推进义务教育深度学习研究的基础上，同时开展了普通高中深度学习教学改进项目研究工作。

我们在项目实施过程中，始终坚持理论与实践相结合。一是坚持研究先行。建立项目研究组和实验区（校）研究共同体机制，开展深度学习理论框架、教学实践模型、学科教学指南等相关理论研究。二是坚持实验为重。在全国设立 5 个示范区、20 余个实验区、500 余所实验学校，覆盖北京、天津、辽宁、山东、江苏、上海、浙江、广东、河南、湖北、新疆、四川、重庆等地，万余名教师和教研员深度参与。项目组专家对实验区进行基于问题解决的多层次、全过程、广覆盖的线上线下指导，确保实验顺利推进。三是建立研修交流机制。项目组和各实验区以"问题导向、基于案例、参与浸润"为指导思想，组织开展多样化的通识和学科研修活动，并及时总结交流项目研究取得的好的工作思路、机制、经验和成果，研究解决突出问题，规划部署和改进研究、实验工作。

经过十年的研究与实验，项目取得了一系列成果和积极成效。一是构建了指向核心素养培育的深度学习理论框架和教学实践模型，研究明确了部分学科深度学习的特征和方法策略，整体性、系统性地回答了"什么是好的教学"以及"如何实现好的教学"，丰富了我国基础教育教学理论。二是开发了部分学科深度学习教学案例和研修案例，丰富了义务教育和普通高中各学科教学指导培训资源，为广大教研员和教师提供了实践指导。三是促进了教师课堂教学能力和专业发展水平提升，为教师探索并深度参与指向核心素养培育的教学改革搭建脚手架，培养了一批掌握和运用深度学习理念，高质量实施课程教学改革的优秀教研人员和骨干教师。四是探索区域和学校课程育人的基本经验与实践模式，依托项目实验区开展研究和实验，带动一批实验区、实验学校发展，并在当地乃至全国发挥示范引领作用。

2018 年年底，我们在总结项目阶段性研究成果的基础上，策划"深度学习教学改进丛书"，陆续出版了理论普及读本和部分学科教学指南，获得了教育领域及社会各界的广泛关注和一致好评。理论普及读本重在解读基本理论和实施策略，学科教学指南重在为广大教研员和教师提供基本思路与操作方法。

近期，随着研究的不断深入，根据新修订的普通高中和义务教育课程标准，我们一方面对已出版的理论普及读本和部分学科教学指南进行修订完善；另一方面，启动其他学科教学指南的研制工作，以期实现项目研究在义务教育和普通高中的学科全覆盖。我们在出版研究成果的同时，还将通过实施培训研修、开展在线教研等方式，宣传、交流研究成果，指导、引领全国各地教研教学工作。

2023 年 5 月，教育部印发了《基础教育课程教学改革深化行动方案》，为深化基础教育课程教学改革提供了方向引领和行动指南。我们希望深度学习教学改进项目系列研究成果，能为高质量推进基于课程标准、指向核心素养培育的教学改革提供有力支撑，助力高质量基础教育体系建设，服务教育强国建设。

张国华

课程教材研究所党委书记、所长

目　录

前　言

　　教育系统坚持以习近平新时代中国特色社会主义思想为指导，迎难而上，砥砺奋进，全面落实立德树人根本任务并取得重大进展，教育改革实现重大突破。"十三五"规划圆满收官，进一步增强了教育自信，推动中国教育站在新的历史起点。"十四五"时期，我国教育进入高质量发展阶段，教育改革发展的外部环境和宏观政策环境已发生深刻变化。面对新形势、新阶段、新理念、新格局、新目标、新要求，教育工作者要在认识上找差距，在工作上找短板，在措施上找弱项，在落实上找问题。要强化担当意识，要把发现问题、解决问题作为打开工作局面的突破口，打破思维定式和工作套路，找到真正的问题，创造性地应对问题。

　　为全面贯彻党的教育方针，坚持立德树人，培养德智体美劳全面发展的社会主义建设者和接班人，实现建设高质量教育体系的目标，我们在教育部课程教材研究所的指导下，开展了小学语文深度学习教学改进项目研究，并编写了《深度学习：走向核心素养（学科教学指南·小学语文）》（以下简称《指南》），以指导各地区小学语文教师转变教学观念，解决小学语文课堂教学中存在的突出问题，探索有效促进学生发展、学习的策略和方法，提高小学语文教学质量，全面提升学生的语文核心素养。

《指南》遵循深度学习的基本理念，以《义务教育语文课程标准（2022 年版）》（以下简称《语文课程标准》）确定的小学三个学段的语文课程目标和课程内容为依据，结合教育部审定的义务教育语文教科书，帮助小学语文教师和语文教学研究者理解小学语文深度学习的基本理念，指导其在深度学习理论指导下进行小学语文深度学习的实践，深化小学语文学科的教学改革，规范并创新小学语文学科的教学研究，推进小学语文深度学习项目的实施。《指南》具体分为以下几个章节。

第一章主要介绍了小学语文深度学习的内涵与意义。这一章概括分析了语文学科实施深度学习的目标、内容、组织形式和学习方式等，阐述了语文学科实施深度学习对全面提升学生语文核心素养的深远意义，为小学语文学科全面实施深度学习做好理论准备。

第二章展示了小学语文深度学习的教学设计，详细介绍了单元学习主题教学设计的基本要素，并且结合实例具体呈现如何进行深度学习教学设计，包括如何确定单元学习主题、如何确定单元学习目标、如何设计深度学习的教学活动、如何设计并开展持续性评价等。希望这些极具操作性的介绍能为教师开展深度学习教学设计提供帮助和指导。

第三章聚焦小学语文深度学习的实施策略。这一章结合具体案例分析了有效实施小学语文深度学习的三条策略，从师资保障、制度创新、学术支持三个方面，为学校和区域两个层面开展小学语文深度学习提供具体的建议。

　　第四章介绍了小学语文深度学习的教学案例，提供了小学低、中、高三个学段五个不同类型单元学习主题的教学案例。这些案例都是实验区教研员和教师在深度学习理论指导下，经过反复研究和课堂教学实践所形成的，希望能为语文教师提供借鉴与指引。

　　附录部分推荐了有关深度学习的学习资源，还分享了实验区区域推进深度学习和校本推进深度学习的经验，以供参考。

第一章

小学语文深度学习的内涵与意义

信息技术的飞速发展、全球化的到来、知识经济的持续驱动，对人才素质提出了新的要求。《21 世纪技能评价白皮书》（*Draft White Paper* 1：*Defining* 21 *Century Skills*）指出，好奇与批判性思维、独立与合作开展工作的能力、使用科技工具的能力、生存技能是 21 世纪人才的必备素养。如何应对 21 世纪和知识经济的挑战，为学生提供高质量学习的机会，以满足人才培养的新需要，成了教育改进与变革研究的热点话题，"深度学习"因而得到持续关注与广泛讨论。

深度学习（Deep Learning）最早见于瑞典哥德堡大学马飞龙（Ferency Marton）和罗杰·塞里欧（Roger Säljö）的论文《学习的本质区别：结果和过程》。马飞龙与塞里欧在以大学生为对象的阅读理解实验中发现：学生在阅读一篇学术文章的过程中运用了两种学习方式，一种是浅层学习（Surface Learning），另一种是深度学习。浅层学习关注文本说了什么，即文本的字面意义；深度学习关注作者想说什么，即文本的深层意义。这两种学习倾向会延续到他们未来的阅读学习中。澳大利亚学者约翰·比格斯（John Biggs）将深度学习的研究向前推进了一大步，他将深度学习视为高质量的学习过程与学习结果，并开发了深度学习与浅层学习的调查评估量表（Study Process Questionnaire），将有效教学、明确目标、学生学习自主性与深度学习建立了关联，将浅层学习归因为学习负荷与不恰当的评价方法，开启了深度学习的量化研究。2005 年，黎加厚等学者将深度学习概念引入国内。2014 年，教育部基础教育课程教材发展中心开启深度学习教学改进项目，组织专家解读深度学习的本质与特征，推动课堂教学关系的深度调整与人才培养模式的重大变革，在教育理论与实践领域引发了研究热潮。

小学语文教学是落实深度学习的重要实践场域，理解深度学习的内涵，把握深度学习的主要特征，领会深度学习的重要意义是教师引导学生开展深度学习的重要前提。

第一节　什么是小学语文深度学习

所谓深度学习，是指在教师引领下，学生围绕着具有挑战性的学习主题，全身心积极参与、体验成功、获得发展的有意义的学习过程。在这个过程中，学生掌握学科的核心知识，理解学习的过程，把握学科的本质及思想方法，形成积极的内在学习动机、高级的社会性情感、积极的态度、正确的价值观，成为既具独立性、批判性、创造性又有合作精神、基础扎实的优秀的学习者，成为未来社会历史实践的主人。①

小学语文深度学习，是指在小学语文教师的指引下，学生积极主动地参与挑战性语文实践活动，积累语言经验，培养语文学习习惯，发展语文核心素养的有意义的学习过程。小学语文深度学习具有如下特征。

一、以发展语文核心素养为主要目标

小学语文深度学习是深化小学语文课程与教学改革，落实语文核心素养培育的重要路径。在引导学生开展深度学习时，要将发展语文核心素养作为主要目标。

核心素养，是学生在接受相应学段教育过程中逐步形成的适应个人终身发展和社会发展需要的正确价值观、必备品格与关键能力。语文核心素养是语文素养的主要成分和关键内容，是学生在积极主动的语言实践活动中建构起来，并在真实的语言运用情境中表现出来的个体言语经验和言语品质②，也是文化自信、语言运用、思维能力与审美创造的综合体现。文化自信是指学生认同中华文化，对中华文化的生命力有坚定信心。语言运用是指学生在丰富的语言实践中，通过主动的积

---

① 郭华. 深度学习及其意义 [J]. 课程·教材·教法, 2016, 36 (11)：25-32.
② 王宁. 语文核心素养与语文课程的特质 [J]. 中学语文教学, 2016 (11)：6.

累、梳理和整合，初步具有良好语感；了解国家通用语言文字的特点和运用规律，形成个体语言经验，具有正确、规范运用语言文字的意识和能力，能在具体语言情境中有效交流沟通；感受语言文字的丰富内涵，对国家通用语言文字具有深厚感情。思维能力是指学生在语文学习过程中的联想想象、分析比较、归纳判断等认知表现，主要包括直觉思维、形象思维、逻辑思维、辩证思维和创造思维。审美创造是指学生通过感受、理解、欣赏、评价语言文字及作品，获得较为丰富的审美经验，具有初步的感受美、发现美和运用语言文字表现美、创造美的能力；涵养高雅情趣，具备健康的审美意识和正确的审美观念。

文化自信、语言运用、思维能力与审美创造作为基本要素，构成语文核心素养这一整体。语言运用是语文核心素养的基础。学生的思维能力、审美创造、文化自信都以语言运用为基础，并在学生个体语言经验发展过程中得以实现。

语文核心素养具有建构性与整体性的特点。① 语言运用揭示了语文核心素养的建构性。在参与语言实践时，学生的新旧语言经验相遇、碰撞，不断产生冲突，不断平衡，经过一次又一次的同化与顺应，语文核心素养逐渐发展。大量的研究表明，语文核心素养是在大量语言实践活动中发展起来的。在真实的语言实践活动中，语言、思维、审美与文化常常融合在一起，不可分割，所以语文核心素养具有整体性的特点。

小学语文深度学习以学生语文核心素养培育为主要目标，将学生的发展放在首位，关注学生的知识、技能、情感、态度、价值观等多方面和谐统一。在小学语文深度学习的过程中，在教师有组织、有目的的引导下，学生不仅可以提升自身的语言运用能力、思维能力，发展自己的审美情趣，而且可以沉浸在博大的中华优秀传统文化中，接受文化的熏陶，体会语言文字的魅力，产生热爱中国语言文字和中华民族的情感，成为一个真正的、大写的中国人。

———————————

① 王云峰. 试析语文学科核心素养 [J]. 语文建设，2018（2）：4-8.

二、以语文要素为主要学习内容

学习内容是否涉及学科课程的关键内容，学习内容是否相互联系并具有一定的结构，是区分深度学习与浅层学习的重要标准之一。威廉与弗洛拉·休利特基金会（The William and Flora Hewlett Foundation）提出了六种需要迁移应用的深度学习能力，即掌握关键学术内容、批判性思维与复杂问题解决、协同作业、有效沟通、学会学习、发展与维持学术意念。① 学科深度学习必须关注学科关键内容，并以此发展学生的学科核心素养。

语文要素是小学语文课程的关键内容，也是小学语文深度学习的主要内容。语文要素包括语文知识、方法能力、语文策略和学习习惯等几个方面的内容，它主要指向语文学科所要培养的基本知识与能力。②

2017 年以后由教育部组织编写，由人民教育出版社出版的义务教育语文教科书（以下简称统编语文教材）明确了各单元教学的语文要素，这些语文要素主要涉及语文知识、能力、方法、策略等。如四年级上册第四单元有三个方面的语文要素：一、理解文章主要内容的方法与能力，即通过了解故事的起因、经过、结果，把握文章主要内容的能力；二、感受文体特点的能力，即在阅读神话时感受神奇的想象与鲜明的人物形象；三、写故事的能力，即展开想象，写一个故事。这些语文要素是对学段要求与内容的细化、具体化、情境化。

统编语文教材中的语文要素是一个系统。三年级至六年级每个单元的语文要素是要素点，这些语文要素点又分别归属于某一类语文要

---

① William and Flora Hewlett Foundation. Deeper learning competencies [DB/OL]. [2020-01-15]. http：//www.hewlett.org/uploads/documents/Deeper_Learning_Defined_April_2013.pdf.
② 李家栋. 例谈统编教材中语文要素的理解与教学实施 [J]. 语文建设，2020（20）：35-38.

素。每一类语文要素由多个语文要素点组成，这些要素点按照由易到难的原则，分布在不同年级教材的单元中，有助于学生循序渐进地掌握这一类语文要素。如果一些类别的语文要素包含的要素点比较多，还可以分出亚类。所有类别的语文要素合起来构成了小学阶段语文要素体系，帮助学生在大脑中建立语文关键知识、能力、方法、策略的结构。如我们可以把"理解意思（主要内容）的方法"当作一类语文要素。在统编语文教材中，这类语文要素主要包含 1 个亚类 10 个要素点，分布在三年级下册到六年级上册各册教材中（详见表 1-1）。三年级主要学习理解词语、难句、段落意思的方法，四年级到六年级主要学习把握文章主要内容的方法。

表 1-1 "理解意思（主要内容）的方法"类语文要素的结构与分布①

语文要素类的名称	语文要素亚类或语文要素点的名称	三上	三下	四上	四下	五上	五下	六上	六下
理解意思（主要内容）的方法	理解词语意思的方法	2							
	理解难句意思的方法		4						
	理解段落意思的方法	6							
	把握文章主要内容的方法 借助写事三要素			4					
	关注主要人物与事件			7					
	连接长文章每部分的意思				6				
	借助梳理信息					8			
	抓住人物的思维过程						5		
	借助相关资料							8	
	借助作品梗概								2

---

① 表中的数字表示第几单元。如"理解词语意思的方法"是统编语文教材三年级上册第二单元的语文要素。

　　除了统编语文教材单元所提及的语文知识、语文能力、语文学习方法、语文学习策略等要素外，语文学习习惯也是语文要素的重要组成部分。良好的语文学习习惯作为语文学习的重要品质，对学生语文核心素养的形成是不可或缺的条件。叶圣陶先生曾说，语文教学一定要让种种读写方法成为学生的终身习惯，因为阅读与写作都是习惯方面的事情，仅仅心知其故，而习惯没有养成，还是不济事的。① 学生在语文学习中获得的学习方法、学习策略的确重要，但是语文学习方法、学习策略要真正内化，并持续发挥作用，必须通过大量的语言实践。正如叶圣陶先生在谈到写作习惯的培养时所言，"只懂得写作技巧还不行，必须去具体地练习，通过长期实践才能掌握它、运用它"，"时时练习，时时把知闻记载下来，情意表白出来，这才成了习惯，才可以终身受用"。② 只有在语言实践中反复迁移运用基本的语文学习方法、学习策略，使其成为一个自动化的过程，成为语文学习习惯，才能真正获得能力，才能在小学阶段打好语文学习的基础，并且受益终身。

三、以挑战性语文实践活动为主要的学习组织形式

　　语文实践活动是语文学习的主要组织形式。学校的语文学习与儿童入学前的校外语文学习有两个重要的区别：第一，儿童需要掌握一种新的交流媒介——书面语言；第二，语言被视为需要教学的知识。这对学生提出了新的要求，即学生需要学习关于语言的知识并有意识地进行语言的应用。这些新的要求使学校语文学习的特征得以凸显，学习语言（learning language），经由语言的学习（learning through language）与学习语言的知识（learning about language）三者合一。语文学习的过程即语言实践并在语言实践中学习语言知识的过程，离开了

---

① 叶圣陶. 叶圣陶语文教育论集［M］. 北京：教育科学出版社，2015：42.
② 同①：96，71.

语言实践活动，语文学习就成了无根之本，无法有效开展。

参与挑战性语文实践活动，不仅能帮助学生掌握关键的学习内容，而且能激发学生的学习动机，促使他们主动地、积极地参与学习，并获得学习的成功。引发认知冲突的挑战性语文实践活动常常会让学生面临未知的问题，打破已有认知结构中的平衡状态。当学生感到原有的知识不够用时，就会在发现问题—解决问题的过程中迸发学习热情，主动参与学习。由问题引发的努力认知，还能解除因认知不平衡而造成的紧张感，获得轻松、满意的情绪体验。这种积极的情绪体验对学习动机具有强化作用，进一步增强了学生参与语言学习的动机。

值得注意的是，挑战性语文实践活动中的挑战程度一定要适当。挑战程度太低，不能吸引学生持续投入学习；挑战程度太高，会让学生处于过度焦虑和紧张的心理状态，也会干扰正常的思维活动，降低学习效率。那怎么才能知道语文实践活动的挑战程度是否恰当，这就需要教师关注并准确地分析学情，找出学生现有的语言水平与潜在发展水平之间的差距，在最近发展区内设计学习挑战，让学生在教师和同伴的帮助下"跳一跳，摘桃子"。

案 例 链 接

薛法根老师在《火烧云》一课中设计了挑战性语文实践活动，即让学生将同学描写火烧云颜色的几句话与课文第三自然段做比较，说说作者高明在哪里。

师：看了这么多火烧云的图片，我们知道了如果写火烧云，可以从颜色、形状两个方面来写。这是某个同学写的火烧云的颜色，我们看看他写得好不好。（出示：这地方的火烧云变化极多，红的、黄的、紫的、金的……五颜六色，变化多端，美丽极了。）

生：他写得很好，因为他用了三个四字词语。

师：其中还有两个是成语，"五颜六色"和"变化多端"。这两个词语既写出了颜色之多，又写出了变化之快。但萧红写得更好。（出示课文第三自然段）自己读，想一想作者高明在哪里。

生：作者把颜色写得更具体。

师：作者都写了哪些颜色？用笔画出来。

生：红彤彤、金灿灿、半紫半黄、半灰半百合色、葡萄灰、梨黄、茄子紫。

师："红彤彤"和"红的"比较，有什么不同？

生："红彤彤"更可爱。

师：红彤彤、金灿灿这样的叠词带有作者的感情色彩，你来读一读。

师：像"葡萄灰""茄子紫"这样的词语有什么好处？像这样的词语叫作"比喻色"，你能说出这样的比喻色吗？

（学生说出的词语：珍珠白、宝石蓝、孔雀蓝、柠檬黄、玫瑰红、象牙白。）

师：所以，萧红在写火烧云的颜色时，用了叠词、两种颜色混到一起，还用了比喻色，而且都是两个、三个排列在一起，很整齐。整齐是一种美。

师：再读这一段，萧红除了写出火烧云颜色变化之多，还高明在哪？

生：还写出了变化之快，因为她用了四个"一会儿"。

师：刚才那位同学用"五颜六色""变化多端"两个成语写火烧云的颜色之多、变化之快，但萧红在这里用了这么多颜色的词语写出了火烧云的"五颜六色"，用了四个"一会儿"写出了火烧云的"变化多端"。所以，写作时少用成语，多用这样描写的句子。①

---

① 薛法根，吴忠豪. 依托课文语言，提高学生语言表达质量：《火烧云》教学及点评[J]. 小学教学设计，2019（22）：23-25，33.

这样的语言实践活动既具有一定的挑战性，能引发学生的认知冲突，又不至于难度过高。学生通过自己的思考以及与老师、同伴讨论，了解了之前不太知道的关于颜色描写的一些基本方法，如运用叠词、用比喻色把颜色写具体、写得富有情感、连用多个"一会儿"写出颜色变化之快等。

四、以自主、合作、探究为主要的学习方式

小学语文教学中的自主学习是学生参与深度学习时处理自身与学习过程关系的主要方式。自主学习是学生自我建构和自我定向的过程，即学生主动制定语文学习目标，不依赖教师、家长或他人，灵活运用各种策略达到完成学习目标的过程。它同时又是意志控制的过程，学生通过自我整合、自我约束，形成与语文学习需要结构相一致的目标，并灵活运用注意力控制、动机控制、情感控制、决策控制等策略解决语文学习过程的冲突，获得了学习上的成功以及积极的情感反应。虽然不能将自主学习简单地等同于最优学习、成功学习，但是大量的研究证明，它能较好地坚定维持学习目标，引发积极的情感，促进学习目标的实现。

自主学习凸显了深度学习学生主体的特征。在深度学习中，自主学习绝不是一个理论标签，而是实实在在的行动。教师要相信学生具有无穷的发展潜力，愿意创造条件，给予时间和空间，让学生在安全的、信任的、欣赏的氛围中主动了解学习目标，主动发现问题、提出问题与解决问题，自由讨论、交流、发表意见和想法，自由地生成新的想法，不受僵化的教学流程的影响，不用为提问题而提问题，不必理解"老师对课文的理解"，不需要迎合标准答案。

案 例 链 接

　　《司马光》是统编语文教材中出现的第一篇完整的文言文。它用30个字介绍了司马光砸缸救人的故事。感受文言文与现代文的区别，体会文言文的特征，是这一课教学的重要目标之一。由教师直接告知文言文与现代文的区别，看上去是省时、高效的一种做法，但对一些学生而言，单纯地接收教师传递的信息，不积极主动地开动脑筋，不经历反复阅读、比较分析的过程，是很难真正地体会文言文的特征的。

　　有老师在课堂上出示了现代文故事《司马光》，并鼓励学生读读故事，再读读课文《司马光》，找一找两篇文章的异同。

司　马　光

　　古时候，有个孩子叫司马光。一天，他和几个小朋友在花园里玩，花园里有座假山，假山下面有一口大水缸，缸里装满了水。有个小朋友爬上了假山，一不小心，掉进了大水缸里。别的小朋友都慌了，有的哭，有的喊，还有的跑去找大人，司马光没有慌，他搬起一块大石头，使劲砸那口缸。水缸破了，缸里的水流了出来，掉在缸里的小朋友得救了。

　　经过自主、充分阅读，潜心比较分析和讨论后，学生有了如下发现。

　　两篇文章的相同点：都写了司马光砸缸救人的故事。

　　两篇文章的不同点：课文《司马光》短小精悍，只有30个字，故事《司马光》比较详细，全文有134个字；课文《司马光》是古人写的，故事《司马光》是现代人写的；课文《司马光》有注释，故事《司马光》没有注释，利用注释可以理解课文的意思。

自主阅读教师提供的材料和课文，学生自主建构了文言文和现代文的区别、感受到文言文的特征、激发了他们学习文言文、探究文言文的兴趣。①

小学语文学科教学中的合作学习是学生开展深度学习时处理自身与学习伙伴关系的主要方式。合作学习指由两个或两个以上的个体共同学习。在语文教学中，教师常常指派学生或者由学生自由组合，组成若干个不少于两名成员的合作小组，以小组为单位共同完成语文学习任务。合作学习对提高学习成效是十分有益的。参与合作学习，成员间不断地交流和反馈，一遍遍地对知识进行加工，能促进知识的生成。成员间的讨论和辩论也有利于开阔思路，产生新观点、新方法。小组成员相互依赖、相互学习，彼此促进，对学生的个性品质、创造性和批判性思维、人际交往能力、自尊自信水平、合作精神和责任感以及解决问题的能力都有显著的正向影响。

合作学习揭示了深度学习中语言与思维建构的社会性特征。维果茨基认为，人与人之间的交往是个体语言、思维等高级心理机能形成的社会基础。在个体的发展进程中，所有的高级心理机能都有两次登台：第一次是作为集体活动、社会活动，即作为心理间的机能；第二次是作为个体活动，作为儿童的内部思维方式，作为内部心理机能。高级心理机能的形成和发展首先必须在社会活动中形成，再由外部活动朝向内部活动转化。只有参与社会活动，经由社会建构，语言与思维才能真正得到发展。深度学习作为发展语言与思维能力、品质的重要途径，必须依赖社会活动，必然离不开人与人之间的合作学习与交往，也是在人与人的共同学习中，语言运用、思维能力等语文核心素

---

① 蔡静艳. 小学语文自主学习任务单的设计［J］. 教学与管理，2021（14）：63-65. 有改动。

养得到了发展。

案 例 链 接

在教学《两小儿辩日》一文时，王老师安排学生三人一组合作学习。学习任务为：分角色表演课文内容，两人演小儿，一人演孔子；想一想，假如孔子活到了今天，他会怎么评判？

小组合作学习后，老师推选一组在全班学生面前演一演。一小儿曰："日初出大如车盖，及日中则如盘盂，此不为远者小而近者大乎？"字正腔圆，语气强烈。另一小儿曰："日初出沧沧凉凉，及其日中如探汤，此不为近者热而远者凉乎？"节奏明快，针锋相对。孔子曰："吾不能决也，双方战为平局，不分胜负哦。"全班发出热烈的喝彩声。

王老师说："孔子当年判平局，反映了孔子知之为知之，不知为不知的实事求是的态度，假如孔子现在还活着，他老人家会怎么评判呢？"

扮孔子的学生说："我们小组讨论后认为，仍然是平局，因为两个小孩的观点都是错误的。这两个小孩观察事物，只是凭直观感受，所以被表面现象所迷惑。其实，早晨、中午的太阳离地球的距离是一样的，太阳大小也是相同的。"

通过合作学习，学生不仅深入理解了课文，而且形成了对两小儿辩日的看法，有观点，有证据，语言与思维都得到了发展。

小学语文学科教学中的探究学习是学生开展深度学习时处理自身与学习内容关系的主要方式。探究学习又称探究性学习、研究性学习，是指学生在教师指导下，以类似科学研究的方式去获取知识和应用知识。语言文字的多义性和语言运用情境的复杂性，为学生提供了多样的探究空间。探究学习给予学生由获得知识转向问题解决的机会，让语文学习环境由封闭转向开放，由课内走向课外，由书本走向生活，让学习过程由僵化转向灵活，让学习内容的秘密在探究中逐渐得到揭示，被重新组织、重新发现，得到新的解释。探究学习的过程不仅仅是知识获取和应用的过程，也是打开文化世界、生活世界，唤醒自我的过程。

探究学习反映了深度学习的创新品质。基于问题的学习是探究学习的常见形式。第一步：向学生呈现蕴含问题的语言作品或其他学习材料，学生激活原有知识并提出问题。第二步：提出解决问题的初步想法，并与伙伴共同生成解决问题的策略、办法。第三步：尝试解决问题，并不断反思、检验自己的策略、办法是不是真的能解决问题，获得第一手的探究体验，同时根据反思、检验的结果，不断调整解决问题的办法。第四步：陈述、分享解决问题的过程，以及相关的研究结论。第五步：反思、评价自己与同伴的探究过程，总结经验，并提出新的、进一步研究的问题。这五步不仅激发了学生的问题意识，而且促进了创新。学生在探究学习中会发现新问题，生成问题解决的新思路，获得新体验、产生新想法、领悟新策略，学生的创新精神能够得到激发与培育，学习的动力更足，学生也更有成就感。

案 例 链 接

"走近鲁迅"是统编语文教材六年级上册的一个单元。该单元选文主要由"鲁迅的作品"——《少年闰土》《好的故事》和"关于鲁迅的作品"——《我的伯父鲁迅先生》《有的人——纪念鲁迅有感》两部分组成。为了引导学生在理解课文内容的基础上走进鲁迅的精神世界，形成对鲁迅的独特看法，程老师决定让学生进行探究学习，以问题引领单元学习，鼓励学生主动探究，积极阅读，深入思考，不断生成学习成果。

学生在这一单元的探究学习中大致经历以下过程。

一、提出有价值的探究问题。初读单元导语与课文，提出了大家共同感兴趣的问题，即"课文中的鲁迅给我留下了怎样的印象"。

二、讨论如何解决问题。通过小组讨论与全班讨论，决定在精读单元四篇课文的基础上，再拓展阅读《故乡》《从百草园到三味书屋》《阿长与〈山海经〉》等鲁迅作品及解读资料，以深度探究鲁迅作品中蕴涵的精神和情怀。

三、生成自己的探究成果。尝试完成《印象·鲁迅》学习任务单，写一写自己眼中的鲁迅。

四、交流分享探究成果。全班交流《印象·鲁迅》学习任务单，在交流中深化对鲁迅崇高精神的认识。

五、产生新的探究问题。在交流中产生进一步说说鲁迅先生是一个怎样的人的想法，结合阅读巴金、萧红等人回忆鲁迅的文章，写鲁迅小传、鲁迅其人其事等，完成单元的习作任务。①

附：两名学生书写的《印象·鲁迅》

印象·鲁迅

鲁迅先生，您，就是这样的人！我原以为您只是一个高高在上的大作家，却没想到您是一个救助车夫，关心女佣，关注社会底层人民的人。我原以为您只是一个高高在上的大作家，却没想到您是一个不顾危险，不怕得罪政府，带病坚持写作只为了改变社会和人民生活的人。我原以为您只是一个高高在上的大作家，却没想到您是一个慈祥和蔼，关心家人，愿意陪孩子们放烟花的人。我原以为您只是一个高高在上的大作家，却没想到您是一个风趣幽默，与家人笑谈自己受挫经历的人。您就是关心底层人民，有社会责任感，内心坚定而关爱家人的人！

---

① 本案例由北京市海淀区教师进修学校柏春庆提供，有改动。

印象·鲁迅

　　鲁迅先生，您，就是这样的人！您没日没夜地辛勤写作，点亮了社会；您笑谈《水浒》，欢放爆竹，温暖了家庭；您不被挫折打倒，乐谈"碰壁"，横眉冷对千夫指；您关心车夫、青年，乐于助人，俯首甘为孺子牛。您是左翼文化阵营的一面大旗；您是中国现代史上的一位战士。您化为了灰烬可活在了人们心间，您活着，活着看大家如何继承您的遗志，看我们如何奋斗，如何让中国复兴！

五、以持续促进学习为学习评价取向

　　促进学习的评价（Assessment for learning）是指以促进学生学习为首要目的的评价。小学语文深度学习评价以持续促进学习为取向，强调评价的首要目的是促进语文学习，促进学生语文核心素养的发展。一切关于评价的举措与评价中得到的信息都是为了改进教学，并通过持续的学习评价、持续的教学改革进一步促进深度学习的发生与学生的持续发展。

　　以持续促进学习为取向的小学语文深度学习评价与一般的学习评价相比，具有以下特点：一、引导学生知晓学习目标。在教师的指导下，学生知晓自己的学习目标，了解自己的学习状态与学习进展，维持学习动机，调节学习方法，达成目标，实现发展。二、帮助学生明确评价要求。在教学中，教师应清晰、明确地让每名学生知道和理解评价要求，包括评价的时间、评价实施者、内容与方式，以便学生随时对照标准进行自我评价。三、开展过程性评价。评价即教学，评价既是对学习的价值判断，又是教学的一部分，与教学进程中的其他环节紧密配合。学习前评价可了解学生的学习基础，学习过程中的评价可了解学习进展，教学结束时的评价可全面总结学习表现。教师要深入分析学生的学习表现，从知识基础、认知过程、思维方式、态度情感等方面判断其表现质量及影响因素，及时做出有针对性的指导。四、引入多元评价主体。学生对自己的学习负责，要进行自我评价；学生相互之间成为学习资源，互相进行评价。此外，教师、家长等多个评价主体相互合作、共同评价。五、采用多元评价方法。除纸笔测试外，还可运用档案评价与教学过程中的观察、练习、提问等多种方法，以全面反映学生的学习表现。六、重视评价结果的反馈。教师与学生之间、学生与学生之间积极互动，针对学生完成任务的过程与结果提供反馈意见，帮助学生适当地调节学习，缩小学生学习现状与预期目标之间的差距，最后达成学习目标。①

案 例 链 接

在"鲁迅面面观——'我眼中的鲁迅'研读交流会"深度学习活动中，一共有五次评价。这五次评价融于教与学，在学习活动的第一、第二、第三阶段依次使用，持续促进学习（详见本书案例五《鲁迅面面观——"我眼中的鲁迅"研读交流会》）。每次评价均使用评价单（见表1-2），让学生及其他评价主体明晰评价要求。五次评价能清晰反映学生的学习进展，为师生及时调整教与学，提高教与学的效率提供重要支持。

① 祝新华，廖先. 国际视域下构建"促进学习的评估"新体系［J］. 教育发展研究，2012（15/16）：14-20.

表 1-2 "鲁迅面面观——'我眼中的鲁迅'研读交流会"的五次评价

评价序号	评价实施时间	评价内容	评价工具	评价关涉的学习目标
第一次评价	第一阶段	1. 能正确读写生字。 2. 能正确、流利朗读课文。 3. 能归纳主要内容。 4. 背诵课文《少年闰土》第一自然段。	基础性评价表	第一至三课时学习目标
第二次评价	第一阶段	1. 确定的探究方向与单元学习主题切合。 2. 确定的探究专题有价值，能帮助自己深入了解鲁迅和他的精神。 3. 探究专题视角独特，有一定创意。	确定探究专题评价表	第四课时学习目标
第三次评价	第二阶段	1. 说出常用的查找、整理、运用资料的方法。 2. 拟定搜集资料的范围和方法、途径。 3. 列出的检查资料清单能满足探究文章需要。	检查、整理资料评价单	第五课时学习目标
第四次评价	第二阶段	1. 搜集的资料符合并满足探究专题的需要。 2. 选择的文章形式与探究专题相吻合。 3. 习作探究专题视角独特，有一定创意。	整理资料、构思探究文章评价表	第六课时学习目标
第五次评价	第三阶段	能结合探究专题，初步组织多种资料，尝试较为充分地表达。	探究成果评价表	第七至九课时学习目标

第二节　小学语文深度学习的意义

小学语文深度学习以培养学生的语文核心素养，促进学生的全面发展为己任，它的提出不是为了创造一种新的教学方式或教学模式让大家去学习，而是要召唤大家结合时代的发展、教育与技术的创新，深入剖析当前语文教学现状，思考语文教学的本真与规律，促进思想观念的改变，用理论联系实际，切实提高语文教学质量。

一、变"学课文"为"学语文"，促使语文教师转变教学观念

学校教育中的语文学习主要是在语文课上发生的。语文教学内容，即教师在语文课上教什么，学生在语文课上学什么，成了语文教育的基本问题。有学者这样描述语文课的教学内容问题，语文老师"一方面，不知道该教什么，不知道教了什么，不知道有没有教，不知道是不是学了；另一方面，又似乎教什么都可以、都无所谓……。显然，语文教学内容出了问题"①。语文教学内容是语文学科的立身之本，适宜的教学内容是有效课堂的首要特质。回顾中国近现代语文教育走过的百年历程，我们不难发现，虽然有许多学者都有志于弄清语文学科的教学内容，但至今这一问题还没有得到很好解决。

如果你听完《荷花》这节课，问执教的老师"你这节课的教学内容是什么？"，她可能会匪夷所思地看着你，然后告诉你："这节课教《荷花》这篇课文啊。"如果问一百位语文老师，可能大多数的老师都会给出这样的答案。在一些老师的思想观念中，语文课天经地义就是"教课文"，学生在语文课上就是"学课文"。这种思想观念混淆了语

---

① 王荣生. 关于"语文教学内容"问题的思考［J］. 中学语文教学，2010（9）：4-7.

文教学内容与语文教材内容的关系，造成的后果是：上完语文课，学生留下的多是课文内容的痕迹，而不是语文教学内容的痕迹。[①] 学生花了大量的时间学课文，语文核心素养却没有得到显著提升。其实，语文教材的内容是课文，是由字词句构成的篇章，而语文教学内容则要回答通过课文，通过字词句构成的篇章教什么语文知识，教什么语文能力，学习什么方法，掌握什么策略，培育怎样的情感、态度与价值观的问题。课文并不是语文课的教学内容，它只是承载语文教学的载体，以课文为例子，以课文为凭借而教的语文知识、语文能力、语文方法、语文策略、语文兴趣、语文习惯以及情感、态度、价值观，才是语文课真正的教学内容。所以语文课上教师一定要"教语文"，要用课文教语文，学生一定要"学语文"。

要引导学生开展深度学习，语文教师首先要思考在自己的课堂上到底要教什么，学生到底要"学什么""学到什么程度"，也就是要明确回答下面的问题：这一单元学生要学习什么语文知识？掌握哪些语文能力？学习和运用什么方法、策略？体会怎样的思想情感？这一单元要学习的语文知识、能力、方法、策略与以前学过的相关内容、未来将要学习的相关内容之间是什么关系？这样的思考"逼"着教师重新审视课文与语文的关系，重新认识语文教学内容与语文教材内容的关系，深入考察语文核心素养、语文要素、语文知识、语文能力、语文方法、语文策略等相关概念之间的关系，树立正确的教学目标观、教学内容观。只有从思想上转变观念，才有可能科学设计小学语文深度学习，并将其落到实处，才能真正引导学生将经验转化为知识、能力，促进学生的成长与发展。

---

① 吴忠豪. 语文课到底教什么，怎么教［J］. 湖北教育（教育教学），2018（4）：4-7.

二、变"主客体关系"为"共同体关系",促进语文课堂教学的变革

一直以来,教育教学的权力被理所当然地认为掌握在教育者手中,课堂权力更多由教师把控。教师是主体,是课堂话语的中心,学生是被动接受知识的客体。随着教育改革的深入,师生关系在理论上经历了"教师主导主体论""学生主体论""师生双主体论"以及"主体间性"等观点的演变,但都未走出二元对立的实体对象性思维的窠臼。①在当前的语文教学实践中,教师把学生当作知识的容器,满堂灌,满堂问,牵着学生走,随处可见。学生思考的不是自己的问题,而是教师的问题;学生完成的不是自己想要完成的任务,而是教师规定的任务;学生说的不是自己想说的话,而是教师希望他说的话。这样的课堂再精彩也只是教师的课堂,而不是学生的舞台,是教师展示的秀场,而不是学生成长的沃土。

小学语文深度学习把"学生参与高质量的语文学习并获得持续发展"放在教育教学的首位,这就引发了师生主客体关系的"崩塌"。原来是教师只管施教,学生只管受教,受教的围着施教的转。在深度学习课堂上,学生主动地、积极地学,教师主动地、积极地导学、辅学、促学,学生和教师组成了持续开展高质量学习的学习共同体。在学习共同体中,学生有时候是学习者,有时候也能成为"教师";教师有时候是教育者,有时候也会成为学习者。师生合作经历学习过程,共同收获学习成效,形成超越普遍意义的相互依存、有机整合的"共在关系",课堂成为师生生命底蕴及主体精神共同展现的"实践场"。

师生关系的变化会引发课堂面貌的根本性转变。从课堂权力来看,

---

① 魏善春. 当代课堂教学变革:一种过程哲学的审视 [J]. 现代教育管理,2019(12):63-68.

教师的控制程度降低了，学生的自主程度上升了。从课堂生态来看，课堂不再是教师的一言堂，而是师生的对话场，师生通过平等对话，共同建构意义，生成对文本与作者的理解。从课堂行为来看，教师的教授行为减少了，指导行为增加了；学生记忆知识的行为减少了，参与问题解决的行为增加了。从课堂时间的分配来看，学生听教师讲的时间减少了，学生体验、感受、讨论、实践的时间增加了。从课堂组织形式来看，师生一对多的活动减少了，生生对话、合作学习的活动增加了。从课堂教学效果来看，学生参与语文学习的积极性提高了，运用语言文字解决问题的能力增强了，语文核心素养得到了发展，也更加热爱语文了。

三、变"被动复现"为"主动建构"，引导学生成为身心和谐发展的学习者

小学语文深度学习的提出，不仅引发了语文教学思想观念上的讨论与转变，同时也促进了语文教学实践多领域的改革。这场改革主要围绕着如何让学生成为意义的主动建构者，并在建构意义的实践中提升语文核心素养，成为一个身心和谐发展的学习者而展开。

在小学语文深度学习的实践中，"教师讲，学生听""教师检查，学生回答"这样"被动复现"行为可能依然存在，但它不是教学实践的主要行为，学生在教师引导下的"主动建构意义"才是深度学习的主要行为。

语文教学要给学生打下精神的底子，建构意义是学生语文学习的本质所在。意义按照不同的水平来分，可以分为解释水平、鉴赏水平和创生水平。解释水平上的意义建构，是指学生能对语言文字进行感知、解释与记忆，是一种较低水平的意义建构。鉴赏水平上的意义建构，是指学生能对语言文字进行审美鉴赏，并能综合应用学科知识进行分析与评价，是较高水平的意义建构。创生水平上的意义建构，是

指学生能基于个体生命体验进行创新性的理解与表达，能运用批判性思维、创造性思维对语词、文本、作者形成个性化的见解，是最高水平的意义建构。①

　　小学语文深度学习并不排斥解释水平上的意义建构，因为它是鉴赏水平和创生水平上的意义建构的基础，但是更关注学生不要止于解释水平上的意义建构，而是要以解释水平上的意义建构为基础，走向鉴赏水平和创生水平上的意义建构。在小学语文深度学习中，学生在教师指导下，经历解释、鉴赏与创生三种水平上的意义建构，不仅获得以语言知识、文学知识、文化为主的知识意义，而且能提升情感、审美、精神方面的生命意义，促进身心的和谐发展。

　　更值得一提的是，这三种水平上的意义建构都要在主动、合作的探究中发生。这种关于意义的主动、合作的探究具有开放性的特征，它开放学习的内容，开放学习的进程，开放学习的环境，开放学习的评价，为学生的创新精神培育和良好的个性发展提供空间。这种关于意义的主动、合作的探究，还具有实践性、体验性、生成性、差异性等特征，促使学生对自然、社会、文化、自我的认识不断深化，语言运用能力、思维能力、合作能力、解决问题的能力、创造能力得到培养，科学的态度、人文的精神得到培育，成为身心健康、全面发展，并具有终身学习潜力的学习者。

---

① 唐明，李松林. 聚焦意义建构的语文深度阅读教学［J］. 中国教育学刊，2020（5）：60-65.

第二章

小学语文深度学习的教学设计

第一节　什么是小学语文深度学习的教学设计

　　深度学习的教学设计，是在确定单元学习主题的基础上，对单元学习内容进行整体分析，制定单元学习目标，形成单元整体学习规划，设计结构化的单元学习活动，并针对学习活动的完成情况设计持续性学习评价的完整过程。小学语文深度学习的教学设计，是以发展学生的语文核心素养为根本指向，基于教材单元的人文主题和语文要素，提炼有意义的、有挑战性的学习主题，制定单元学习目标，并依据学习主题和学习目标对教材内容进行分析、调整和重构，对单元学习活动和学习评价进行整体设计。小学语文深度学习的教学设计凸显了语文学科的本质属性，注重学习过程中的深度对话、意义建构，强化综合性的语文实践活动，帮助学生建立语文学习和现实生活的关联。

一、以单元学习主题统整教学设计

　　《语文课程标准》指出："义务教育语文课程结构遵循学生身心发展规律和核心素养形成的内在逻辑，以生活为基础，以语文实践活动为主线，以学习主题为引领，以学习任务为载体，整合学习内容、情境、方法和资源等要素，设计语文学习任务群。"深度学习语文教学设计中提倡的"'单元学习主题'是指依据课程标准，围绕学科某一核心内容组织起来的，体现学科知识发展、学科思想与方法深化或认识世界的方式丰富，能够激发学生深度参与学习活动、促进学生学科核心素养发展的主题"①。从"内容单元"到"学习单元"，是深度学习教学设计的重大突破。

就小学语文学科而言，组织学习单元和确定单元学习主题主要有三种思路。一是遵照教材的内容编排体例组织单元，选择与教材编写单元一致的学习主题。二是按照语文核心素养发展的进阶组织单元，可以跨教材单元，甚至跨年级和跨学段对相关学习内容进行整合，确定单元学习主题。三是基于真实情境下的综合性的学习任务组织单元，学习主题既关联语文学科核心内容，又链接真实的学习生活、社会生活，能够培养学生综合运用知识、技能解决实际问题的能力。

三种思路各有优势，其中最常见的、最便于操作的就是依据教材编写的单元组织学习单元和确定学习主题。从 2017 年秋季起，义务教育语文教材开始在全国范围推广使用。这套教材遵循语文学科规律，突破了以人文主题为线索选编课文的传统模式，采用人文主题和语文要素双线组织单元，将语文学科的工具性和人文性有机地结合起来，将知识的学习、能力的发展和素养的提升融为一体，为深度学习的教学设计奠定了良好的基础。语文教师要深入钻研统编教材，领会教材编写意图，依据教材单元的人文主题和语文要素来确定单元学习主题，并以单元学习主题统整单元教学设计。

一方面，教师要以学习主题为线索对教学内容进行组织和调整。教学内容是语文教学设计的核心要素，"教什么"远比"怎么教"更重要。一篇课文可以教的内容很多，一个单元可以教的内容更广泛。但是，可以教的内容不等于应该教的内容，教师必须紧紧围绕学习主题选择教学内容，调整教学顺序，确定教学重点，设定教学目标。另一方面，教师要以学习主题为线索设计丰富的学习活动和有针对性的学习评价，确保学习活动聚焦重点，相互关联，共同指向学习任务的

---

①　刘月霞，郭华. 深度学习：走向核心素养（理论普及读本）［M］. 北京：教育科学出版社，2018：73.

完成和教学目标的实现。

　　以单元学习主题统整教学设计，让教师进一步明晰教学目标、教学内容、教学方法和教学评估之间的关系，理解教学设计的本质，提升教学设计的能力；让学生置身于整体的、真实的学习情境，在主动的、深度的学习活动中发展高阶思维，提升学习能力，领悟学习的意义。

二、教学设计的四个核心要素

　　深度学习倡导单元学习。深度学习教学设计包括四个核心要素和两个支持要素。其中，核心要素是素养导向的学习目标、引领性学习主题、挑战性学习活动、持续性学习评价，支持要素是开放性学习环境和反思性教学改进。（见图2-1）

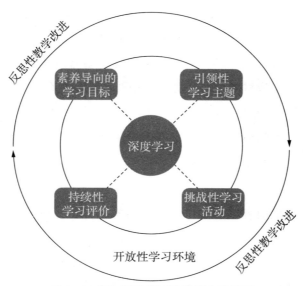

图 2-1　指向深度学习的教学实践模型

　　这些要素不是独立的、割裂的，而是彼此联系而构成整体的。

提炼引领性学习主题是深度学习教学设计的核心。单元学习主题要聚焦语文学科核心内容，体现语文核心素养的发展进阶；单元学习主题要契合学生的学习需要、学习能力，能够唤起学生的学习热情，组织学生开展深度的、持续的、合作的学习活动。单元学习主题的适切性是深度学习发生的根本保障。

素养导向的学习目标是深度学习需要达到的预期结果，是学生通过单元整体学习实现的知识与能力、过程与方法、情感态度与价值观三个维度的提升。学习目标就像为远航的船舶指明方向的灯塔，帮助教师确定教学的内容，校正教学的方向。小学语文深度学习的单元学习目标必须围绕单元学习主题设定，表述清晰准确，为学习评价提供标准、依据；单元学习目标必须指向语文核心素养的发展，尤其要培养学生理解和运用语言文字的能力。

挑战性学习活动是在单元学习主题引领下，以学生的语文实践活动为主线开展的学习活动。挑战性学习活动既保障了学生在学习过程中的主体地位，又是落实单元学习目标的重要途径。挑战性学习活动既保障学生在学习过程中的主体地位，又是落实单元学习目标的重要途径。单元学习活动的设计要体现深度学习的特征，以挑战性学习活动激发学生深度参与，促进学生对知识本质的理解，并能将所学内容迁移到新的情境，发展高阶思维和解决实际问题的能力；单元学习活动的设计要体现语文学科的本质属性，以语文实践活动为学习活动的基本形态，让学生在丰富的、综合的语文实践活动中提升语文实践能力，发展语文核心素养。

持续性学习评价是对单元学习目标达成情况的评估和反馈，帮助学生监测和调控学习进程，帮助教师改进和完善教学。持续性学习评价将评价对象从教师的教转向学生的学，强调过程性评价、主体性评价、激励性评价、表现性评价，让学习评价真正成为促进学习的"助推器"。

第二节 怎样进行小学语文深度学习的教学设计

一、提炼单元学习主题

（一）单元学习主题要指向语文核心素养的发展

核心素养是"学生在接受相应学段教育过程中，逐步形成的适应个人终身发展和社会发展需要的必备品格与关键能力"，"它是关于学生知识、技能、情感、态度、价值观等多方面要求的结合体"，"是个体能够适应未来社会、促进终身学习、实现全面发展的基本保障"。①发展学生的核心素养，是新时代学校教育的根本目标。深度学习正契合了教育改革的需要，以发展学生的核心素养为根本追求。

语文核心素养包括文化自信、语言运用、思维能力、审美创造四个方面。《义务教育语文课程标准（2022 年版）》指出：核心素养的四个方面是一个整体。语言运用是核心素养的基础。语言是重要的交际工具和思维工具，语言发展的过程也是思维发展的过程。语言文字及作品是重要的审美对象，语文学习也是培养审美能力和提升审美品位的重要途径。语言文字既是文化的载体，又是文化的重要组成部分，学习语言文字的过程也是学生文化积淀与发展的过程。在语文课程中，学生的思维能力、审美创造、文化自信都以语言运用为基础，并在学生个体语言运用的实践中得以实现。

发展义务教育语文课程培养的核心素养是语文课程与教学的根本目标，也是小学语文深度学习教学设计的终极追求。我们在设计单元学习主题时必须研究《义务教育语文课程标准（2022 年版）》要求，分析单元学习内容与语文核心素养的联系，确保单元学习主题指向语文核心素养的发展，

---

① 辛涛，姜宇，林崇德，等.论学生发展核心素养的内涵特征及框架定位 [J]. 中国教育学刊，2016（6）：4-5.

尤其要处理好义务教育语文课程培养的核心素养各组成要素之间的关系。义务教育语文课程培养的核心素养四个方面不是互不相干、各自为政的，而是彼此融合、构成整体的。因此，深度学习的单元学习主题应以语言运用为核心，整合其他核心素养，发挥整体价值，实现多元功效。

（二）单元学习主题要融合教材的人文主题与语文要素

小学语文深度学习的教学设计是基于教材编写的单元来组织学习单元和开展学习活动的，所以，教师要仔细分析教材，依据教材单元内容提炼单元学习主题。

统编语文教材采用双线组元的结构设计，每个单元都有人文主题和语文要素两条线索。从横向来看，从三年级开始，教材单元的各项组成部分，包括单元导语、课文、课后练习、习作、口语交际、语文园地等，作为一个整体，围绕单元人文主题，落实单元语文要素。例如，三年级上册第三单元，人文主题是"乘着想象的翅膀，游历奇妙的童话王国"，语文要素是"感受童话丰富的想象。试着自己编童话，写童话"。四篇课文《卖火柴的小女孩》《那一定会很好》《在牛肚子里旅行》《一块奶酪》都是童话故事，"快乐读书吧"推荐学生阅读《安徒生童话》《格林童话》等，习作内容是"我来编童话"，课后练习和语文园地的"交流平台"启发学生感受童话丰富的想象，体会阅读童话的快乐。从纵向看，统编教材统筹规划语文要素，尝试建立进阶式的语文训练体系。以"复述"为例，二年级主要借助图片、表格等讲故事；三年级提出复述故事的要求，练习详细复述；四年级学习简要复述；五年级学习创造性复述。这样的安排，目标明确，层次清晰，训练内容螺旋式上升，确保学生形成复述能力。

统编语文教材单元内容的整体编排和语文要素的层递式设计为深度学习的教学设计提供了良好的条件。一方面，教师要处理好单元内容的横向联系，处理好单元人文主题和语文要素的关系。人文主题统领单元阅读和习作的内容、主题，为单元教学设计提供整体性的学习情境；语文要素指向单元阅读和习作的策略、方法，是单元核心教学内容，也是发展语文核心素养的根本保证。教师要融合人文主题和语文要素确定单元学习主题，并围绕单元学习主题统整教材内容，包括对教材内容的增删、结构的调整、要求的改变等，使单元学习内容具有更好的整体性。另一方面，教师还要处理好单元之间的纵向联系，运用横向联读的方法系统梳理整套教材，理清语文要素的发展顺序，进而精准定位单元学习主题。

统编语文教材五年级上册第六单元编排了三篇课文《慈母情深》《父爱之舟》《"精彩极了"和"糟糕透了"》，通过三个感人的故事，从不同角度表现了父母对孩子的爱，非常鲜明地体现了人文主题"舐犊之情"。本单元的语文要素包括两方面：侧重于阅读方法的是"体会作者描写的场景、细节中蕴含的感情"，侧重于习作方法的是"用恰当的语言表达自己的看法和感受"。因为阅读要素与人文主题联系密切，而习作要素偏离了人文主题，所以教师确定了"舐犊之情，在场景、细节描写中流淌"这一学习主题，并将本单元的习作目标调整为"恰当运用场景、细节描写，表达自己的真情实感"。这样的调整使单元人文主题与读写目标达成一致，突出单元教学重点，促进由读向写迁移，并且单元学习主题内涵丰富，指向语文核心素养的发展。从思想情感教育方面看，一是引导学生体会父母的爱，激发对父母的感恩之情；二是通过深入观察，提高学生对社会生活的敏感度和观察力，帮助学生树立正确的人生观和价值观。从语言运用方面看，一是认识"场景描写和细节描写"，丰富学生的写作知识；二是通过动笔实践，尝试运用学到的描写方法，表达自己的思想情感。

统编语文教材三年级下册第一单元的语文要素包括三方面：一是"一边读一边想象画面"，二是"体会优美生动的语句"，三是"试着把观察到的事物写清楚"。单元设计初稿尝试整合三个要素，将学习主题定为"观察大自然的画卷，在想象中发现美好"。在设计单元学习活动时，教师发现这一主题涵盖内容庞杂，有观察，有想象，有写清楚，还有学习优美生动的语句，学习任务太多，势必零敲碎打，没有重点。于是，教师对初稿进行了修改，梳理了教材各年级语文要素的发展序列，将单元学习重点定位为"观察"，并将学习主题集中为"在观察中发现大自然的可爱"，先通过《荷花》《燕子》《昆虫备忘录》学习观察动植物的不同方法，再将口语交际与习作内容统一改为"观察动物（植物）朋友，让学生运用阅读中学到的观察方法进行口头和书面表达"。实践中发现，这个学习主题能将课文、口语交际和习作整合起来，发挥单元整体学习优势，但是，"写清楚"这个三年级的习作重点没有得到落实。针对上述问题，教师再次修改了单元设计，将学习主题确定为"发现大自然的可爱，把观察到的事物写清楚"。这一主题聚焦"观察"和"写清楚"两个重点，阅读时着重指导观察方法，口语交际和习作重在迁移运用观察方法，并将观察的内容落实在"写清楚"上，有效提升了三年级学生的习作水平。

（三）单元学习主题要引发学生的主动参与和深度探究

"所谓深度学习，就是指在教师引领下，学生围绕着具有挑战性的学习主题，全身心积极参与、体验成功、获得发展的有意义的学习过程。"深度学习涉及三个方面的深度：一是学习结果的深度，表现为认知、自我、人际三方面的高阶能力，这是学生在今后的学习、生活、工作中成功解决问题的能力储备。二是学习方法的深度，如探究学习、项目学习等，无论采用哪种方法，深度学习均以问题解决为根本导向。三是学习参与的深度，深度学习基于学习者的学习热情、学习内驱力和积极的情绪状态，属于高投入的主动性学习。[①]

"走近伟人，学讲故事"是统编语文教材二年级上册第六单元的学习主题。本单元的四篇课文《八角楼上》《朱德的扁担》《难忘的泼水

---

① 祝智庭，彭红超．深度学习：智慧教育的核心支柱 [J]．中国教育学刊，2017（5）：36-45．

节》《刘胡兰》都是通过具体的事件表现伟人心系百姓和为革命勇于牺牲的高贵品质。一方面，听故事、讲故事符合小学低年级学生的心理特征，这是他们最喜欢的学习活动，而且，讲故事要经历阅读、思考、理解、语言组织和表达等一系列活动，是具有挑战性的、综合性的学习任务，能够唤起学生的学习热情。而当学生经过努力能够清楚地、完整地讲述故事时，他们的学习兴趣和学习自信将进一步被激发。另一方面，讲伟人故事又能帮助学生认识中华民族的杰出代表，感受伟人的精神和人格魅力，让学生对伟人心生敬意，树立"成为像他们那样的人"的崇高理想。

可见，单元学习主题是引发深度学习的起点。首先，单元学习主题要契合学生的学习心理，激发学生的学习兴趣，促使学生主动地、积极地投入学习活动。其次，单元学习主题要链接真实的生活，解决现实问题，使学生感受学习的意义，焕发学习的热情。再次，单元学习主题要有适度的综合性和挑战性，促进学生的合作对话、深度探究、批判反思，发展学生的高阶思维。最后，单元学习主题要大小适中，便于实践操作。通常情况下，一个学习单元以 4—10 课时为宜。

二、制定单元学习目标

（一）单元学习目标要与《语文课程标准》要求一致

课程标准是国家课程的纲领性文件，规定了每门学科的课程性质、课程理念、课程目标、课程内容、学业质量以及课程实施等，是确定单元学习目标的重要依据。

《语文课程标准》明确规定了语文课程的总目标和学段要求，并从识字与写字、阅读与鉴赏、表达与交流、梳理与探究等语文实践活动出发对语文学习提出一系列具体要求，建构了科学有序的语文课程目标体系。它既是语文教学的方向和归宿，也是我们制定单元学习目标、课文学习目标的凭借和依据。语文教师必须熟读《语文课程标准》，尤其要对其中的课程总目标和学段要求了如指掌，确保单元学习目标与课程目标一致，避免学习目标越位、缺位或不到位等现象的发生。

（二）单元学习目标要聚焦单元学习主题

深度学习的教学设计是在单元学习主题统整下的教学设计，学习目标的确定、学习活动的开展、学习评价的设计都必须围绕单元学习主题，落实单元学习主题。

单元学习目标是学生通过单元学习预期达到的效果，也是检测、评价单元教学活动是否有效的尺度和标准。单元学习目标需要聚焦单元学习主题，做到清晰明确，重点突出。教师要依据单元学习目标选择合适的教学内容，有时还要对教材内容进行调整、改换，使教学内容始终指向学习主题。

单元学习目标要集中，避免面面俱到；单元学习目标要具体明确，简明扼要，让教师知晓教什么和怎么教，让学生清楚学什么和怎么学；单元学习目标要有一定弹性，能够顾及学生的个体差异，根据不同学生的学习基础与学习能力制定分层次的学习目标。

（三）单元学习目标要契合真实的学情

深度学习发生的前提是学习内容具有适度的挑战性。当学习内容过于简单，停留于学生已有的学习经验，学习不会发生；反之，当学习内容过于困难，明显超过学生的学习能力，学习也不会发生。所以，对学生已有学习经验和可能获得的学习能力的精准把握，是教学内容设计的基础。

统编语文教材六年级上册第八单元的单元设计，就经历了由教师经验主导到基于真实学情的转变过程。

本单元选文由"鲁迅的作品"（《少年闰土》《好的故事》）和"关于鲁迅的作品"（《我的伯父鲁迅先生》《有的人》）两部分组成，为学生提供了了解、认识鲁迅先生的不同视角。单元习作是"有你，真好"，侧重于写自己身边的人，通过事例凸显人物的精神境界、优秀品质。单元语文要素是"借助相关资料，理解课文主要内容"和"通过事情写一个人，表达出自己的情感"。凭借以往教学经验，教师形成了教学思路：读好鲁迅作品，走进鲁迅先生的精神世界，认识鲁迅先生的责任担当、利他精神，进而发现身边具有这样精神品质的人，完成习作。但是，实际教学效果并不理想，学生依旧很难"走近鲁迅"，对鲁迅的认识仍然停留在表面化、标签化、概念化的层面。

经过研讨和反思，教师发现了原因所在：资料是辅助学生认识鲁迅先生的重要路径，而六年级学生仅凭个人经验和能力很难优选高质量的资料。但是，课堂上也出现了积极的一面，那就是学生的思维活跃程度远远超出教师的预期，学生提出了许多有深度、有价值的问题。如闰土于"我"的意义是什么？为什么"我"会羡慕闰土？鲁迅为什么要写《好的故事》？为什么文章前后都提到"昏沉的夜"？为什么周晔选择这几件事来写鲁迅先生？为什么这么多人都爱戴鲁迅先生？……这些问题都由作品内容而来，直接或间接地指向"鲁迅先生是个怎样的人"。而且，解决这些问题，既要靠单元选文，也要靠高质量的资料。

基于学情反馈和课后反思，教师调整了单元设计思路，将教学重心由"理解课文主要内容"转变为"在理解课文主要内容的基础上，提出更深入的问题，并借助（查用）相关资料进行探究性阅读，解决问题，进而走近鲁迅先生"。其中，学习难点主要集中在"借助资料"方面，包括"为什么要借助资料""借助怎样的资料"以及"怎样借助资料"。在此基础上，进一步确定了单元学习目标：

（1）理解和正确运用本单元生字新词。正确、流利地朗读课文，背诵《少年闰土》第一自然段。

（2）概括课文的主要内容，说出鲁迅先生留给自己的印象，初步形成对鲁迅先生的认识。

（3）围绕文本的深层意义、创作意图等提出有探究价值的问题，有目的地查找相关资料，解决问题，形成自己的理解。

（4）根据探究问题，借助资料写成《我眼中的鲁迅》一文，对鲁迅先生做出评价，认识鲁迅先生的利他精神和责任担当，表达对鲁迅先生的敬意，增强责任感、使命感。

奥苏伯尔曾经说过："如果我不得不把全部教育心理学还原为一条原理的话，我将会说，影响学习的唯一的最重要的因素是学习者已经知道了什么。"维果茨基指出，有效的学习发生在最近发展区。要确立最近发展区，首先要明确学生的现有水平，即学生在没有任何外力帮助的情况下，能够独立完成学习任务的水平。其次还要明确学生能够达到的未来水平，即凭学生个人现有能力和努力在短时间内不可能实现，但在他人适当的帮助下可以实现的水平。所谓最近发展区，就是在学生现有水平和未来水平之间形成的区域，教学要走在发展的前面，要无限地接近最近发展区。

语文教师必须走到学生中去，通过课堂观察、交流谈话、作业批改、学习测试等方法，了解学生已有的知识与能力，发现学生的学习兴趣与学习困难，掌握学生的学习需要，基于真实的学情确定单元教学内容，定位单元学习目标。我们要牢记：学生已经会的，不要教；学生能自己学会的，不必教；教了学生也学不会的，不能教。要让教学内容远离舒适区，规避恐慌区，定位最近发展区，让学生"跳一跳，摘桃子"，促使深度学习真实发生。

（四）单元学习目标要体现良好的结构

小学语文深度学习的教学设计，要求单元学习目标从两方面体现出结构化特征。一是外在的结构化，是指单元学习目标要与课程总目标、学段要求一致，要与前后单元的学习目标相互关联、互相支持、循序渐进，共同指向语文课程目标的实现。二是内在的结构化。单元学习目标可以分为整体目标和课时目标两个层次，整体目标是单元学习完成后学生应达到的总体要求，整体目标要分解为每一课的课时目标，课时目标再分解为每一项学习活动的具体目标，活动目标和课时目标不仅要准确、集中、清晰，而且，活动目标与活动目标之间、课时目标与课时目标之间要体现序列性、发展性、整体性，最终确保单元整体目标的实现。

三、设计单元学习活动

（一）单元学习活动要整体统筹规划，注重内在逻辑联系

小学语文深度学习的教学设计以单元学习主题为核心，统整教学目标、教学内容和教学过程。一方面，教师要依据学习主题创设整体性的学习情境，促进学科学习内容与真实生活世界的联系，引导学生体验学习的意义，激发学习的动力；另一方面，教师要统筹规划、精心设计学习活动，让学习活动置于单元整体学习情境中，厘清学习活动与学习目标的关系，确保每一项学习活动都指向单元具体学习目标，并且各项学习活动的设计还要符合学科知识的内在逻辑，符合语文核心素养发展的客观规律，体现科学的序列和整体的结构。

以"舐犊之情，在场景、细节描写中流淌"学习单元为例，本单元真实的大任务情境是以"我想对您说"为题写父母关爱自己的典型事例，通过事件中的一个或几个场景，抓住其中的具体细节，表达父母的"舐犊之情"。在上述任务情境下，单元学习规划了五个活动。

活动一，"我是朗读者"，通过正确、流利地朗读课文和自学生字新词，达成本单元基础性学习目标1。活动二，伙伴或师生合作，认识场景、细节描写方法，体会"舐犊之情"。这是围绕单元学习目标2设计的活动，包括三个环节：环节一"教师指导"，结合《慈母情深》课文教学，认识场景、细节描写，体会课文表达的思想感情；环节二"小组合作学习"，自主学习《父爱之舟》《"精彩极了"和"糟糕透了"》，能够辨析文中的场景、细节描写，体会其表情达意的作用；环节三"学生自主学习"，梳理、总结三篇课文中的场景、细节描写，加

深认识。活动三，小练笔。结合《慈母情深》课文内容，创设情境或联系生活情境写话，尝试运用场景、细节描写，以恰当的语言表达真实的想法和感受，达成单元学习目标3。活动四，口语交际活动"父母之爱"。借助学习单自主梳理，回忆生活中反映父母之爱的具体事例，并在小组合作中以恰当的语言说出父母对自己的爱，表达真实的想法和感受，完成单元学习目标4。活动五是写大作文，以"我想对您说"为题写一篇作文，可以根据口语交际活动中交流的具体事例，也可以另选事例，运用课文中学过的场景、细节描写方法，真实表达人物思想感情，达成单元学习目标5。

五个单元学习活动循序渐进，结构合理，由基础性学习到探究性学习，由教师指导下的学习到学生自主合作学习，由阅读理解到写作运用，由口语表达到书面表达，符合语文学习的规律，保障了单元学习目标的顺利达成。

（二）单元学习活动要凸显学科特性，强化语文实践活动

《语文课程标准》明确指出："语文课程是一门学习国家通用语言文字运用的综合性、实践性课程。"语文课要"遵循学生身心发展规律和核心素养形成的内在逻辑，以语文实践活动为主线，展开语文学习"。《语文课程标准》反复提及"实践性课程""语文实践活动"，强调语文课程鲜明的实践特征，可见语文课程的基本任务就是通过语言实践活动提升学生的语文实践能力。

单元学习活动如何凸显语文课程实践性特征呢？以"走近伟人，学讲故事"为例，教师围绕单元学习主题设计了五项单元学习活动：单元学习活动一，通读四篇课文，学习生字词。单元学习活动二，学讲毛泽东的故事。活动三，练讲"朱德的扁担""难忘的泼水节"两个故事。活动四，设置"讲故事小达人海选"与"讲故事小达人晋级赛"的任务情境，继续练习讲故事，实现从会讲故事到熟练地讲述故事的转变。活动五，设置"讲故事小达人表演赛"的任务情境，

利用课余时间自由选读伟人故事，在课堂上用自己喜欢的方式展示伟人故事。五个单元学习活动都是语文实践活动，以"讲伟人故事"为核心任务，整合识字写字、朗读课文、积累语言、口头表达、思维训练等多样化的学习内容，与此同时，学生在学讲故事的过程中，感悟先贤、革命前辈心系百姓、无私奉献的精神，接受传统文化和革命文化教育。

综上所述，语文课程有丰富的内涵和多元的任务，譬如，提高学生的思想道德修养，发展学生的审美情趣，促进学生的思维发展，陶冶学生的情感，健全学生的人格等。但是，语文教学的核心内容是开展语文实践活动。所以，在单元学习活动设计中，教师要精心设计综合性、多样态的语文实践活动，以有意义的语文实践活动整合文本理解、价值塑造、思维发展、文化传承、审美熏陶等多项任务，在提升学生语文实践能力的同时，实现语文课程的多元价值。

（三）单元学习活动要展现学习过程，体现深度学习特征①

1. 设计学习任务，促进内驱学习

学习活动是由学习任务引发的。教师要学会设计内驱性的学习任务，引发主动的、深度的学习活动，落实学习内容，实现学习目标。

内驱性的学习任务常常是综合性的学习任务。过去，我们习惯以一个又一个碎片化的问题推进学习活动，表面上看学生学习进展顺利，实则仿佛盲人摸象，获得的都是细节性、局部性的理解，无法形成对事物的整体认识。反之，综合性的学习任务更接近生活的真实，让学生理解"语文即生活""语文为生活"；综合性的学习任务迫使学生激活、关联、运用头脑中沉睡的知识、散落的知识，构建结构化的知识

---

① 部分文字已发表。参见：吕映. 让语文学习真实发生 [J]. 小学语文教师，2019（10）：8-12；吕映. 有意义的学习活动：内涵、价值与特征 [J]. 小学语文教师，2020（1）：4-8；吕映. 语文学习活动设计的若干要点 [J]. 小学教学设计（语文），2020（10）：4-7.

体系，提升解决实际问题的能力。

内驱性的学习任务常常是具有适度挑战性的学习任务。学习任务的难易程度直接影响学习动机和学习效果。过于简单的学习任务根本不能唤起学习热情，可预见的、意料中的学习结果会让学生丧失学习动力，草草应付了事；远超能力的学习任务容易造成畏难心理，甚至产生恐慌情绪，学生会因为学习难度过大而选择消极学习或逃避学习；只有适度挑战性的学习任务契合最近发展区，学生才会乐于尝试，并且在学习过程中保持适度的紧张、焦虑，感受到压力，又有助于问题的解决和任务的完成。

内驱性的学习任务常常是聚焦"真问题"的学习任务。所谓"真问题"，一是真实的问题，是学生关心的、感到困惑的问题，是学生在学习和生活中遭遇的严肃的实际问题，而不是只在课堂上被问及或只在试卷上出现的问题；二是核心的问题，问题必须聚焦基本概念、重要内容、核心观点、关键策略，有足够的张力，能够激发深度思考、激烈讨论、持续质疑以及迁移运用。只有"真问题"才能驱动"真学习"。

内驱性的学习任务常常是新颖有趣的、富有创意的学习任务。求新求异是儿童的天性。学习活动要契合儿童的认知心理，拒绝格式化的学习内容、僵化的学习形式，开发丰富多样的、富有情趣的、充满创意的学习任务，让学生主动投入学习，全身心沉浸学习，激发学习潜能，发展创新思维和创新能力。

2. 引发深度对话，主动建构意义

小学语文深度学习的教学设计，要给予学生学习的机会，让学生亲历学习的过程。"学生要成为学习的主体而不是被动的知识接收器，就得有'活动'的机会，有'亲身经历'（用自己的身体、头脑和心灵去模拟地、简约地经历）知识的发现（发明）、形成、发展过程的机

会。"① 面对挑战性学习任务，教师要信任学生，大胆放手，给学生充分的阅读时间、思考的时间、讨论的时间，让学生自己尝试解决问题；面对挑战性学习任务，学生往往会焕发学习热情，主动投入学习，他们的学习能力与学习成果常常超过教师预期。

　　小学语文深度学习的教学设计，要以挑战性学习任务促进学生深度思考、深度探究、深度对话，促进学生与教师、学生与学生的深度互动，促进学生对学习内容的意义理解与意义建构。意义建构区别于简单的知道、机械的复述，后者可以通过接收信息、记忆信息和回忆所学、对号入座实现。意义建构意味着自主学习，独立思考，不盲目追随他人，不简单重复他人的话语。意义建构意味着建立联系和做出推断，学生能够在不同事物的学习中建立联结，在新旧知识之间发现关联，在学习世界和生活世界之间建立联系，并且能够通过分析、综合、质疑、反思、评估，做出有效推断，获得自己的结论。意义建构还意味着学会迁移，学以致用，学生能够独立地、自觉地、灵活地、准确地从知识和技能存储库中筛选和提取需要的经验，加以运用，应对各种新的情境。

　　"走近鲁迅"学习单元就让学生经历了知识发现和意义建构的过程。整个单元的学习活动分为三阶段。以第二阶段为例，这一阶段包括三项学习活动：活动一，确定探究专题，讨论探究方法。在阅读鲁迅作品和介绍鲁迅作品的基础上，师生共同分析和梳理有探究价值的专题，确定探究方向，形成探究小组；再针对探究专题讨论资料查找、使用的方法，譬如，根据探究问题查找资料，查阅资料的途径与方法，具体的查阅技巧，对查阅的资料归类整理等。活动二，自主探究，查找资料。探究小组根据探究专题自主合作查找资料，初步整理资料。活动三，整理资料，形成小组汇报提纲，推选代表向全班分享，师生交流点评。以上设计，以适度挑战性学习任务引发学生的主动参与、

---

① 郭华. 深度学习及其意义 [J]. 课程·教材·教法，2016，36（11）：27.

积极探究，学生通过与文本对话、与同学对话、与教师对话，在语文实践活动中不断深化对鲁迅精神的认知，体现了语文学习的过程是主动探究、意义建构的过程。

3. 规划学习路径，体现学习规律

学习能力不是与生俱来的，而是在学习过程中逐渐形成的。面对具有综合性、复杂性、挑战性的学习任务，学生可能不知所措、无从下手，教师需要事先规划、精心设计学习路径，帮助学生顺利完成学习任务并发现学习规律，积累学习经验，提升学习能力。

其实，一类问题的解决或一类任务的完成，往往有相似的路径、特定的规律。教师要善于在系列化的课例研究中发现规律、总结规律和运用规律。以讲故事为例，这是叙事类课文最常见的学习任务，通过结构化的课例研究，我们就能发现学习规律。譬如：读故事是讲故事的基础，必须先安排多种形式的朗读，帮助学生理解故事内容，积累语言材料，为言语输出做好准备；图表是重要的学习工具，可以借助图表来梳理、概括故事情节，把故事讲得清楚、有条理；让学生在阅读中探究发现文本的叙事规律，并运用规律来讲故事、续编故事和创编故事；创设交际语境，让学生在生活情境中讲故事、用故事等。学习规律一旦被反复实践，就会内化为学习习惯、学习经验，提升学生解决问题的实际能力。

综合性的学习任务、真实问题情境中的学习任务因为要整合多项学习内容，需要的学习时间更长，学习难度更大，所以，教师更要预先规划学习路径。

以统编语文教材四年级上册第五单元为例，教师依据习作单元的功能和教材编排的特点，设计了一个真实情境下的单元习作任务：写一篇作文，争取被校园电视台《生活万花筒》摄制组选中，并帮助摄制组更清晰、更快速地拍摄《生活万花筒》视频，给观众留下深刻的印象。为帮助学生完成这项习作任务，教师规划了合理的学习

路径。

活动一："《生活万花筒》，我要写"

（1）了解校园电视台录制《生活万花筒》节目的相关要求，激发写作兴趣。

（2）观看学校生活、家庭生活的微视频，思考并记录习作素材，挑选最想写的一个素材分享。

（3）"初试身手"，写"做家务的过程"。

活动二："写清事情片段，我试试"

（1）对比学习《麻雀》和《爬天都峰》，梳理两篇课文的写作顺序，发现作者是怎样把经过部分的重要情节写清楚的。

（2）对照两篇课文，修改习作"初胚"（做家务的过程），进一步把片段写清楚。

活动三："印象深的地方，我会重点写"

（1）修改和补充素材，并借助教材提供的表格，交流写作顺序与过程中的重要情节。

（2）完成习作初稿。

（3）对照例文和批注，第一次修改习作。

活动四："写好的文章，我爱分享"

（1）创设情境，第二次修改习作。

（2）对照例文和评价表，第三次修改习作。

四项学习活动有序开展：首先，以交际语境下真实的写作任务激发学生的写作动机；其次，借助微视频、素材单启发学生思考，解决写作素材的问题；再次，学生"初试身手"，进行片段写作，并对照范例发现写作中的主要问题，突破写作难点；最后，学生完成习作并对照例文和批注，反复修改习作。以上学习过程符合写作的基本规律，解决了"为什么写""写什么""怎么写""怎么评改"的问题，有效提升了学生的写作能力。

由上可见，教师要学会分析和分解学习任务，廓清解决问题的重要因素，明晰相关要素与学习内容的关联，并确立各项学习内容的层级顺序，设计相关学习活动，合理安排学习进程，保障学习任务的完成和学习目标的实现。学生升入高年级，教师还要学会放手，指导学生自己分析学习任务，思考解决问题的要素，探究解决问题的策略和构想解决问题的步骤，逐步实现对学习的自主规划、主动调整和自我反思、不断完善。

4. 预见学习困难，搭设学习支架

学生在学习进程中没有遭遇任何困难，轻松、顺利地完成了学习任务，这不是真实的学习；学生遭遇了学习困难，但是，教师不干预、不作为，这不是真正的课堂学习。及时发现学习困难，提供必要的学习支持，帮助学生克服困难，这是教师"在场"的价值，也是学习活动设计的难点。

学生在什么时候、什么地方可能会遭遇哪些学习困难呢？学生已有的知识、经验、能力与完成学习任务必备的知识、经验、能力的差距，就是学习困难的发生根源。这里的知识包括语文知识，也包括人文社会科学知识、自然科学知识；经验包括理解和运用语言文字的经验，也包括生活经验、情感经验；能力包括外显的听说读写能力，也包括内隐的观察力、思维力、想象力等。教师只要在课上注意观察，课后及时反思，积累教学经验，就能较准确地把握一类任务常见的学习困难。譬如，革命战争题材类课文，学习难点在于走进人物内心，体会英雄品质，这是因为学生对战争年代那段特殊的历史缺乏了解；概括故事主要内容是叙事类文章的学习难点，那是因为学生的抽象思维水平和阅读概括能力还处于较低发展阶段；低年级学生认读速度较慢，所以在朗读长句子时容易出现停连困难；中年级学生因为语言材料和表达范式积累不足，所以在描述画面时常常语汇贫瘠，甚至词不达意。

针对学习困难，教师怎么提供有效的学习支持？关键在于搭设学

习支架。学习支架的种类很多，就语文学习而言，常见的就有范例支架、概念支架、策略支架、资源支架、工具支架等。不同的支架有不同的特征和用途，教师要针对具体的学习困难选择匹配的、契合的学习支架。如上所述，教学革命战争题材类课文，可以补充历史背景资料；概括故事主要内容，需要提前指点方法，譬如，由几个小故事组成的课文，可以运用小标题连缀的方法概括大意；范读，是指导低年级学生读好长句、积累语感最便捷的方式；提供情境中的词串或句式，能够帮助中年级学生形象生动地描述画面。

统编语文教材三年级下册第一单元的教学案例规划了"观察朋友—介绍朋友—走近朋友—分享美好"的教学过程。针对三年级学生观察不够细致的特点，教师设计了观察记录卡，让学生借助记录卡学习运用多种感官，从不同方面观察事物，丰富观察收获。"从不同角度将事物的某一个方面写清楚"是本单元习作的重要目标，教师将《荷花》的第二自然段作为范例支架，分析作者如何通过写不同姿态的荷花把一池荷花的外形写清楚，并链接语文园地中的"交流平台"，引导学生学习如何运用生动优美的语言把观察到的细节写清楚。最后，教师还提供了具体的习作评价标准，要求学生依据标准自改、互改习作，开展习作交流与分享。

需要注意的是，学习支架是应对学习困难而提供的必要支持。随着学生学习能力的提升，逐渐撤掉学习支架，实现自主学习、自能学习、自为学习，是语文学习的理想境界，也是深度学习的教学设计的终极追求。

5. 开发适切语境，促进学习迁移

学习的目的是迁移，学会的标准是运用。迁移和运用解决的是知识向个体经验转化的问题，即将个体所学知识转化为综合实践能力的问题。可是，迁移和运用并不是自然而然发生的，学习者理解了某一知识，并不意味着他就能够运用这一知识。一个典型的现象就是，阅

读课上教师反复教学人物描写的方法，学生能够准确辨识外貌描写、神态描写、动作描写、语言描写、心理描写，并能结合文本分析和鉴赏各种描写方法，但是，在具体的写作中仍然不能自如地运用这些方法来塑造人物形象，表现人物性格品质。可见，学习迁移、知识运用绝非易事。

就语文学科而言，教师需要开发适切语境，促进学习迁移。课文既是学习内容的载体，也是语文实践的范例，既提供了知识理解的背景，又提供了知识运用的语境。巧妙地利用课文能让学习迁移更自然、更妥帖地发生，并促进学生对文本内容的深刻理解和对作品情感的深切体悟。除此之外，还要注意让学生在综合的、复杂的、真实的语境中运用知识。教学中常见的现象是，教师提供的只是同质的、简单的、结构良好的练习，学生只要机械模仿、生搬硬套就能顺利地完成练习，但是，一旦遭遇复杂的、开放的、结构不良的现实问题，学生就束手无策，一筹莫展。兰迪·恩格尔（Randi Engle）对比了两种不同的教学类型——局限的结构教学与拓展的结构教学：在局限的结构教学中，教师设计的各种学习任务都服务于本节课、本单元，并以完成作业和通过考试为最终目的；在拓展的结构教学中，教师设计的学习任务都服务于生活的应用、多元的联系、恒久的意义。研究表明，两者的教学效果差异悬殊，拓展的结构教学显著促进学习迁移。所以，在深度学习的教学设计中，教师要创造更多机会，让学生置身于成熟的、复杂的实践场景，面对挑战性、多样性、综合性学习任务，融会贯通地运用知识解决各种问题。

四、设计持续性学习评价

（一）学习评价的要求

1. 学习评价要依据单元学习目标

学习评价的目的是保障学习目标的实现，所以，必须依据单元学习目标来整体设计深度学习的评价方案，包括具体的评价标准、评价工具、评价手段、评价方式等。深度学习可以以"理解为先"（Understanding by Design，即 UbD）框架为基础来设计单元教学。UbD 的核心是从预期结果逆向规划课程，其中的单元教学逆向设计包括三个阶段：阶段一，明确预期学习结果，即梳理学习目标；阶段二，确定可接受的证据，即确定恰当的评价方法；阶段三，规划相应的学习体验和教学活动。① 如此，教师在设计具体的学习活动时就清楚地了解到活动的目标、评价的标准，确保学习活动的有效性、针对性。

2. 学习评价要贯通单元学习过程

开展持续性学习评价，便于教师随时监控学习进程和学习效果，及时获得教学反馈，及时调整和完善教学。在单元教学的不同阶段，可以运用不同的评价方式。譬如，单元学习初期，可以运用学习测试、调查访谈等方式，了解学生已有的学习经验，发现学生的学习困难；课堂教学阶段，可以通过观察、提问、练习的方式，了解学生对学习内容的理解和掌握程度；课后，可以通过作业来反馈课堂教学效果，方便教师及时查漏补缺；针对综合性的、复杂性的学习活动，可以设计过程性的、表现性的评价，全面反映学习过程、学习方法和学习结果；单元学习结束，可以通过学习测试和综合练习，展现单元学习成果，帮助师生双方反思教与学的问题，明晰改进的方向。

3. 学习评价要采用多种形式

持续性学习评价是一种以学生核心素养发展为导向的、形式多样的立体性评价。在评价标准方面，要考虑学生的个体差异和学习特点，针对不同的学生制定个性化的评价标准；在评价内容方面，既要评价学习结果，也要评价学习态度、学习策略和学习方法；在评价方式方

---

① 威金斯，麦克泰．理解为先模式：单元教学设计指南（一）［M］．盛群力，沈祖芸，柳丰，等译．福州：福建教育出版社，2018：9-10.

面，应综合运用过程性评价和终结性评价、正式评价和非正式评价、语言评价和动作行为评价等，尤其要发挥评价的激励作用，使每一名学生都能获得学习成就感；在评价主体方面，除了教师评价，还要积极引导学生自我评价和相互评价，让学生成为评价的主人，让评价真正成为促进学习的动力。

4. 学习评价要促进学生元认知发展

学习者遭遇学习困难、学习障碍，在同伴的支持和教师的帮助下克服困难、解决问题，建构新的学习经验，这是一种可见的学习；与此同时，学习者主动监控和调节自己的学习进程，依据学习任务灵活调整和改进自己的学习策略与学习方法，使自己越来越接近学习的目标和问题的解决，这是一种内隐的学习，指向学习者元认知水平的提升，也是学习的最终目的、最高境界。

如何通过学习评价促进学生元认知发展？一是通过学习反馈让隐性的学习过程和思维过程得以外显。学习反馈通常包括四级水平，分别是任务水平、进程水平、自我调节水平和自我水平。其中，进程水平是针对获得学习成果或完成学习任务的进程的反馈，有助于学生发展学习策略，识别观点之间的联系，并学习如何从错误中学习；自我调节水平聚焦于对学习进程的自我监控，如"为了……，你做了什么""你使用了什么样的策略""你的想法是如何改变的""你已经实现的学习目的是什么""有关这个任务你还有进一步的疑问吗"，有助于提高学生自我评价能力和自我调节学习能力。如果教师能用好这两种学习反馈，那么，学生既能追踪、回顾自己的学习过程，又能发现、知晓别人的学习策略，并在比较、辨析、反思中受到启发，获得提升。二是在学习活动结束阶段增设学习反思环节，让学生回顾一节课的学习经历或一项学习任务的完成过程，总结学习收获，反思学习困境和思维困境，找到问题解决的方法与学习提升的方向。总之，学习评价不仅要关注显性的学习成果和学习进程，更要指向隐性的思维过程与学习方法，促进内隐学习，使学生越学越聪明。

（二）评价方案的设计

为了确保评价的针对性、有效性，教师在确定单元学习目标之后，就要设计持续性学习评价方案。评价方案包括评价目标、评价任务、评价标准和评价方式。评价方案要与单元学习目标匹配，要有利于单元学习目标的达成。其中，评价目标要清晰准确，评价任务要具有可操作性，评价标准要师生共同制定，评价方式要丰富多样。

案 例 链 接

　　"走近伟人，学讲故事"的学习评价方案就经历了调整和完善的过程。初稿中的持续性评价集中在把故事讲完整、讲清楚上，忽略了对单元基础性教学目标的评价。修改后的评价方案从四个方面提出评价指标，包括对生字词语的评价、朗读课文的评价、讲故事的评价和倾听的评价。这样的持续性评价，能够发挥正确的导向作用，促进教师全面把握单元教学的重点，不因强调主题学习任务而忽视低年段基础教学内容。与此同时，在具体的评价目标、评价任务、评价标准和评价方式的表述上也做了研究和改进。例如，识字学词是低年级语文教学的重点，以往的教学目标往往表述为"认识本单元的生字词语，能够正确书写"。至于基于这样的目标可以设计怎样的评价任务，用什么方式、方法去检验学生是否达成目标，学生的达标率怎样量化等都是一笔糊涂账。为解决上述问题，修改后的评价方案从评价任务、评价标准、评价方式三个方面对"认识本单元的生字"的评价目标进行了细化：评价任务提出"1. 在四篇课文中任选一篇，借助拼音读准生字字音。2. 识读四篇课文后面生字条中的生字"。评价标准是"1. 朗读课文时能借助拼音读准生字字音。2. 能正确、熟练认读课后生字条中的生字，识读正确率不低于90%"。评价方法是"课堂观察、同桌互评"。

这样的表述操作性很强，方便学生自我检测和相互评价。又如，讲故事是本单元主题学习任务，为了满足差异化学习的需要，评价方案将评价目标分为两个层次：一是"能借助提示清楚、完整地讲述故事"，二是"能按要求课外搜集伟人故事，能清楚、完整地讲述自己读到的伟人故事"。评价任务："1. 与同桌相互讲述自己喜欢的故事。2. 部分学生在班级里展示讲故事。"评价标准："1. 故事内容讲述得清晰、完整，能让别人听清楚、听明白。2. 部分学生讲述时自然、大方、有礼貌。"明确的评价任务确保学习评价能够覆盖全体学生，两条评价标准分别对应评价目标的两个层次，体现了评价的差异性。

（三）评价工具的开发

通常，学习评价被安排在教学结束阶段，以课堂练习、课后作业为主，虽然能够判定学习目标的达成情况，但是，由于学习评价滞后于学习过程，导致即使发现了问题，教师也来不及做教学调整和学习补偿。深度学习的教学设计倡导持续性学习评价、过程性学习评价。如何将学习评价贯串单元学习全过程，关键就在于评价工具的开发和使用。

如前所述，"走近鲁迅"单元的学习重点是查找资料、整理资料和运用资料。教师系统设计了"搜集整理资料评价表"（包括四张评价表），分别从确定探究专题、查检整理资料、整理资料、构思探究文章以及探究成果四个阶段，对学生的学习进行持续性评价。学生既可以在学习过程中使用评价表指导自己的学习，提升学习水平，也可以在完成学习任务后，用评价表评估自己的学习效果，进一步调整学习成果；教师也可以及时监控学生的学习进程和学习成果，运用更有效的教学手段支持学生的学习。此外，"舐犊之情，在场景、细节描写中流淌"单元中的学习单、"彩笔绘生活，写清一件事"单元中的习作评价

表都是促进学习的重要的过程性评价工具。（详见案例五《鲁迅面面观——"我眼中的鲁迅"研读交流会》）

可见，理想的评价工具应同时成为学习工具，让学习过程和学习结果得以物化、外显；理想的评价工具应内含明确的评价标准，方便学生对照标准即时检测、自我修正；理想的评价工具应形式多样，契合特定的评价目标和评价内容。语文教师要科学开发评价工具，让学习评价始终伴随学习进程，让学习评价促进深度学习的发生，保障学习目标的实现。

第三章

小学语文深度学习的实施策略

　　小学语文深度学习的教学设计为小学语文深度学习的实施勾画了美好蓝图。如何科学、合理地协调整合教学系统各要素，解决小学语文深度学习实施过程中必然遭遇的一些关键问题，并从多个维度寻求小学语文深度学习的支持保障，将美好蓝图变成真切现实，大力改进课堂学习生态，着力推进学生语文核心素养发展与小学语文教学质量的提升，是时代赋予每一位教育工作者的神圣使命。

第一节　如何实施小学语文深度学习

　　无论何时，小学语文深度学习的发生都离不开特定的学习情境，情境孕育了深度学习，也制约着深度学习。对学生而言，有效参与深度学习离不开高阶思维的运用，也离不开高效的合作与交流。创设学习情境、培养高阶思维、促进合作与交流是有效实施小学语文深度学习的关键。

一、如何创设深度学习情境

　　语文学习是建构意义的过程。学习情境是影响学生意义建构的主要因素。在学习情境中，学习发生的时间、空间，语言交际的主体、对象、任务、目的都与意义建构有着密切的联系。任务相同，目的不同，意义建构不同，比如要完成"介绍一个小实验"任务，如果介绍的目的是要告诉小伙伴这个实验如何有趣，那么只要叙述实验中有意思的地方就可以了；如果介绍的目的是让小伙伴会做这个实验，那么一定要告诉他实验所需的材料、步骤等。精心创设小学语文深度学习的情境，让学生通过自主、探究、合作的方式参与挑战性语文实践活动，有利于学生从知识运用的场景中习得鲜活的语文知识，有利于学生发现适用不同情境的学习策略，生成语文知识运用的智慧，并不断发展自身的语文核心素养。

1. 以跨学科学习为路径，创设多元学习情境

小学语文跨学科学习既是实现语文学习综合性、实践性的有用手段，又为语文深度学习提供了重要路径。在小学语文跨学科学习活动中，学生可以从学校的语文学习情境"跨"向家庭生活、学校生活或社会生活情境，运用所学的语文知识与能力去解决真实生活中的问题，亲历深度学习，达到巩固语文知识，发展语文能力，提高问题解决能力，培育积极情感态度的目的。如结合学校搬迁，设计"说吾舍，爱吾校"的跨学科语文深度学习活动，让学生在认识新校园环境的基础上，以解说、创作诗歌、写新闻报道、说明等多种形式向同学、家长、外校友人介绍新校园，锻炼语言表达能力，并在介绍的过程中逐步认同学校文化，产生热爱学校的情感。

学生也可以由语文学习情境"跨"向其他学科的学习情境中，将其他学科的知识、技能、方法与语言的理解、表达融合起来，深化对"活的语言"的认识，感受语言的力量与魅力，培育创新精神，发展创造能力。比如语文学习与科学学习统整，结合二十四节气中的小满节气，讲述小麦一生的故事。学生先阅读绘本《这就是二十四节气》，了解节气知识，介绍小麦种植步骤，与同学合作设计小麦种植观察表，记录、交流小麦生长变化的过程，搜集大量素材，最终完成作品——"小麦一生的故事"。在这一跨学科语文深度学习中，学生经历了听、说、读、写，体验了说明文写作、表格制作、观察笔记写作、故事创作等多样的语文学习经历，不仅获得了语文知识、科学知识，还掌握了观察方法，理解了科学精神，发展了自己的问题解决能力与创造力。

2. 联结校内外，创设真实学习情境

在创设小学语文深度学习情境时，教师应重视联结校内与校外学习，关注情境的真实性、逼真性。真实、逼真情境中蕴含着真实的交际任务或有待解决的真实问题。真实的交际任务或有待解决的真实问题给予学生运用语言的动力，也赋予学生较大的挑战。日常生活中的

真实问题大多是结构不良问题。和结构良好的问题相比，结构不良问题通常缺乏明确的问题解决路径。研究表明，结构不良问题的解决与结构良好的问题的解决涉及不同的认知过程。结构良好问题的解决包括激活问题图式、搜索问题解决方案、实施解决方案等。结构不良问题的解决涉及搜索和选择信息，找出多个解决方案并选择其中一个方案，评估解决方案和监控解决过程等。要解决结构不良问题，除了需要相关知识与认知策略，更需要认知调节，以及情感、态度、价值观的参与。

在创设小学语文真实学习情境，选择与确定真实交际任务或真实问题时，教师应当着力思考什么样的任务或问题是"好"的，是能促进学生开展深度学习的。有学者提出了"3C3R 模式"，"3C"是指内容（content）、情境（context）和关联（connection），"3R"是指研究（researching）、推理（reasoning）和反思（reflecting）。"3C"指向学习内容与情境的关联，"3R"指向认知过程和问题解决的技能。当真实的交际任务或真实问题涉及的学习内容内部是相互联结的，又是置身于真实情境中的，同时又能激励学生开展探究、做出推论、实施反思，这样的任务就是好任务，这样的问题就是好问题。还有学者认为，一个任务或问题的好坏取决于它们的表面特征与功能特征。表面特征与问题的设计有关，涉及问题形式的恰当性，问题的清晰度、熟悉度、难度，以及是否与应用相关。功能特征与问题解决的结果有关，涉及激发批判性推理、促进自主学习、促进阐释、推动团队合作、引发兴趣和指向预期学习结果的程度。①

---

① 高恩静，卡雷恩，卡普尔，等．真实问题解决和 21 世纪学习［M］．杨向东，许瑜函，鲍孟颖，等译．长沙：湖南教育出版社，2020：47-48.

资 料 链 接

于永正老师经常带领孩子走进大自然，开展语文跨学科学习活动，"认识苹果"是其中颇为出名的一项活动。

活动过程大致是这样的：

第一，宣读开展"认识苹果"活动的通知，组织学生座谈注意事项，写保证书，并向家长转述活动通知（包括开展活动的时间、地点、注意事项以及要准备的东西等）。

第二，到果园参观。请农艺师把学生带到红星、金帅、倭锦、红玉、小国光等五种常见苹果树下，从形状、颜色、大小、品质（是酸是甜，水分是多是少，吃起来是脆是面）、成熟期、类别等方面向学生介绍苹果，并请学生品尝，直到每名学生都能准确地从品种混杂的苹果堆里，拿出农艺师指定的苹果时，活动才结束。临走时，每人买一包苹果（包含介绍的几种苹果）。

第三，向家人介绍苹果。回家向家人介绍五种苹果的名称与特点，直到家人弄明白为止。

第四，筹备苹果展览会。每名学生带五个苹果当展品，每个品种带一只。全班分五个组，每组为一种苹果写一份说明，届时放在产品的旁边。

第五，训练讲解员。每组把所介绍的苹果特点熟记于心，并学习接待参观同学和老师的礼貌用语，要求做到口齿清楚，态度大方，说话得体。

第六，编海报，播通知。一切准备就绪，学生创编海报，张贴于校园内，并通过广播告诉全校师生何时、在何地举办苹果展览，欢迎全校师生以班级为单位前来参加，并告知参观时的注意事项。

第七，举办展览会。全班学生分别为前来参观的师生当讲解员。

第八，为报社写通讯报道，配一张照片（一名学生为参展人员讲解苹果特点的照片），写一段照片说明文字。①

认识苹果的活动一共安排了五次说的训练（座谈注意事项、向家长转述活动通知、向家人介绍五种苹果的特点、播展览通知、当讲解员）与五次写的训练（写保证书、写说明书、写海报、写报道、写照片说明）。

认识苹果的活动为孩子们学习语文提供了真实的学习情境与真实的交际任务。在五次说的训练、五次写的训练以及观察、讨论等活动中，学生不仅通过探究获得了关于苹果的知识，而且知道了写保证书、写说明书、写海报、写报道、写图片说明、口头解说、写通知等方面的语言运用策略。通过课堂讨论，与农艺师、家人交流，与其他班级学生、老师交流，体会了语言的意义与价值，感受到了成功完成任务所获得的成长的喜悦。

不论从五次训练内在的联系，还是它们与情境的关系，无论从任务的清晰度、熟悉度、难度，还是从激发兴趣、促进自主学习与团队合作等角度，认识苹果活动的实施充分反映了精心创设学习情境，精心选择真实交际任务，是可以促进学生的深度学习的。

二、如何培养学生的高阶思维

发展学生的语文核心素养是小学语文深度学习的重要目标。实施小学语文深度学习要特别关注学生思维能力的发展与提升，尤其要在培养学生记忆、理解等低阶思维的基础上关注学生高阶思维的发展，并以此带动学生语文核心素养的整体提升。

---

① 于永正，潘自由. 于永正小学"言语交际表达训练"作文实验 [M]. 济南：山东教育出版社，2000：28-29.

高阶思维是指较高认知水平上的思维能力，包括分析、比较、归纳、推理、评价、创造等。这些思维能力对于学生做出准确决策、创造性解决问题是不可或缺的。在小学语文深度学习中要发展学生的高阶思维，教师应在营造良好思维环境，尊重学生，鼓励学生积极思考、大胆创造的基础上，和学生一起设计有利于思维发展的学习任务。这些任务主要包括：（1）比较的任务，如通过比较，阐明语言与语言、事物与事物的不同之处与相同之处；（2）分类的任务，如根据语言的特点或事物的属性，对其做出分类；（3）归纳的任务，如从多种语言或日常生活现象中抽象出一般化的概念、原理等；（4）演绎的任务，如根据语言运用的一般规律对特定情境下的语言运用做出推论；（5）分析的任务，如指出自己或他人语言表达与思维方式上的错误；（6）综合的任务，如综合多个方面的内容，构建完整的语篇；（7）概括的任务，如从语篇中领会它的主要意思；（8）证明的任务，如找出支持观点的论据；（9）批判的任务，如提出不同于他人的观点，并且有理有据地阐述。

⦿ 案 例 链 接

　　"江南可采莲，莲叶何田田，鱼戏莲叶间。鱼戏莲叶东，鱼戏莲叶西，鱼戏莲叶南，鱼戏莲叶北。"要学这首乐府诗了，孩子们想学点什么呢？他们对这首诗有什么疑问呢？

　　沈老师让孩子们翻开课本，读一读这首诗，然后想一想自己以前读过的诗，说说自己有什么发现。一会儿，孩子们高高兴兴地举起了小手。

　　"老师，古诗好像都是押韵的，为什么这首诗与别的诗不一样？"

　　"沈老师，为什么这首诗有好几个'莲叶'呢？别的诗不会这样。"

　　"我发现这首诗有七句，前三句一个句号，后四句一个句号，为什么？"

　　孩子们的发现和疑问非常有趣。老师抛给他们一个比较的任务，并且充分信任他们一定会有所发现。果然，他们发现了乐府诗与其他类型的古诗不一样的地方。参与这些问题的讨论不仅能让孩子们经历深度学习，初步认识乐府诗的特点，而且能拓展孩子们头脑中关于诗歌特点的知识结构，更重要的是激活了孩子们的思维，提高了他们探究诗歌的乐趣。

　　提出高质量的问题也是发展高阶思维的有效策略。有学者对课堂提问做过深入研究并指出：恰当的提问能显著改善学生的学习；教师提问的频率、类型和层次影响着学生的学习质量。在小学语文深度学习中要提高提问质量，应从以下两个方面入手：第一，要多提具有重整、拓展、评鉴、创意等功能的问题。重整类问题，旨在引导学生通过比较、分析、综合、分类、判别等思维过程，分析概括文章的主要内容与思想情感，分辨、识别文章的表达技巧等；拓展类问题，旨在引导学生通过推论、想象、推测等思维过程，拓展文章的内容，理解作者的言外之意等；评鉴类问题，旨在引导学生运用批判性思维评价文章的思想内容，鉴赏语言表达的精妙之处等；创意类问题，旨在引导学生运用求异思维、创造性想象，找到新办法，提出新想法，灵活解决问题等。① 第二，要预设或基于学情整理核心问题与辅助问题，形成引发深度学习的问题链，以指向学习目标的核心问题引领学生进行深度学习。（见表3-1）

---

　　① 祝新华. 阅读教学课堂提问设计：普遍存在的问题与改进策略［J］. 课程·教材·教法. 2009，29（10）：45-50.

表 3-1　核心问题与辅助问题的区别①

	核心问题	**辅助问题**
目标	多从总体上考虑配合完成教学目标。	多考虑配合核心问题。 多考虑完成较简单的教学目标，或为实现总体教学目标做些铺垫。
篇章	体现篇章语言、内容或结构特色；针对较大语言单位或较重要的语句（如深层意思）。	多针对篇章语言、内容或结构方面的重要细节（如词句的表层意思）。
层次	体现较高的认知层次：重整、伸展、评鉴、创意。	体现较低的认知层次：复述、解释、简单的重整等。
难度	答题难度较大，在课堂上需重点讨论，并关注所有学生是否都能跟得上。	答题较易，很多学生都会回答。

　　让学生的思维外显也是发展学生高阶思维的有效策略。人的思维主要是以内部语言为媒介展开的，内部语言看不见、摸不着，稍纵即逝。运用外部语言把思维外显化，既可以让思维的过程得以显现，又可以让思维的成果得以物化。外显的思维过程作为学生当下与未来学习的思维方法，对调节、促进高阶思维的发展是极其有益的；物化的思维成果能让学生感受到运用高阶思维开展学习的意义与价值，增强发展自身高阶思维的意识。让学生思维外显主要的方法有：第一，通过追问鼓励学生说出自己的思考。在教学中，教师除了让学生回答问题，看看学生学得怎么样，还应当在学生给出答案后，追问学生的思维过程，鼓励学生清晰表达解决问题的路径与方法，并组织学生讨论这样思考的优势与缺陷。第二，通过质疑论辩鼓励学生澄清自己的思路。当学习中出现不同意见时，教师不宜马上评判谁对谁错，而应鼓励双方反思并说清自己的思考

---

　　① 祝新华. 阅读教学课堂提问设计：普遍存在的问题与改进策略［J］. 课程·教材·教法. 2009，29（10）：45-49.

方法，并通过论辩，引导学生进一步澄清思路，从多个角度深化思考，找到新的理解问题或解决问题的方案。第三，运用学习单辅助思维的外显。图示式学习单对于思维外显具有显著作用：纲要类学习单引导学生梳理文章或活动的结构，有助于发展学生的分析、综合思维；T形图构建的学习单引导学生比较两篇文章的不同，有助于发展学生的比较能力与求异思维；思维导图引导学生从多个方面考虑问题，有助于发展学生的发散性思维；过程图引导学生记录思维的每个步骤，有助于发展学生的逻辑思维，如《一个豆荚里的五粒豆》学习单。

案 例 链 接

读读《一个豆荚里的五粒豆》，完成下面的学习单。

1. 读了第一至十二自然段

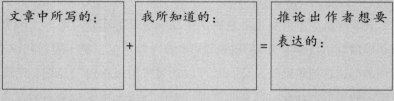

2. 读了第十三至二十一自然段

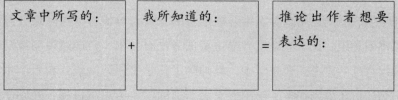

3. 读了第二十二至二十四自然段

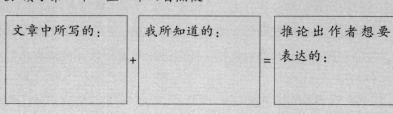

三、如何促进合作与交流

1. 多管齐下，提高合作学习的效度

开展合作学习，能最大限度地促进学生的认知与情感发展。合作学习是小学语文深度学习的主要组织形式，通过基于学习共同体的合作，生与生、师与生相互协作，对话与分享，共同寻找解决问题的办法，促进对语文知识的深度理解、语文能力的快速提升，并发展学生的合作意识与协作能力。

当前课堂教学中的合作学习存在合作形式化、泛滥化、虚假化、简单化的现象。有的教师以为将学生的桌子拼在一起，让学生围坐在一起，提一个问题，让他们讨论，就是合作了，其实对话与分享并没有发生，合作学习流于形式。一些教师把合作学习当作课堂教学改革的标签，把本来适合独立学习的任务也改为合作学习，为合作而合作，合作学习并没有发挥真正的效用，这种泛滥化、虚假化的合作学习不会引发深度学习的发生，只会导致课堂教学质量的下降。合作学习的评价也存在简单化现象，只评个体不评小组，只评结果不评过程，只评知识、技能不评情感、态度、价值观等，无法起到以评促学的作用。

要让合作学习真正发挥作用，有效促进学生的深度学习，必须多管齐下。第一，和学生共同商议确定明确的、适合的合作任务。模糊、笼统的合作任务令学生困惑、盲目、无所适从，自然不会有好的学习效果。过于简单的合作学习任务价值不高，无法点燃学生的合作热情。唯有明确的、恰当的小组合作学习任务，才能让学生知道学什么、怎么学，才会引发学生的集体责任感、使命感，激发学生的主观能动性，促使他们积极互动、共同学习。第二，把握良好的合作学习时机。当学生在自主学习的基础上产生了合作学习的欲望，当学生遇到难题但仅凭个人的力量无法解决时，当学生陷入思维的小胡同急需拓展思路时，当学习任务过重需要分工协作完成时，合作学习的良好时机就来

了。教师应当紧紧抓住这样的时机，引导学生积极投身合作学习，在同伴的帮助下共同解决问题，完成任务。第三，教给学生合作的技能。为了提高合作学习的成效，教师应指导学生合理分配学习任务与学习角色，引导学生学会倾听、学会讨论、学会协调小组成员之间的冲突，学会归纳小组合作学习的共识。第四，注重合作学习评价。要以小组评价为主，关注知识与技能学习的质量，关注合作技能、态度，把个人的竞争变成小组之间的竞争。①

2. 围绕知识建构，活化课堂交流

组织合作小组，建设学习共同体。学习共同体内部开展协商与交流是小学语文深度学习的基本要素。深度学习过程中的交流不是一般的交流，它具有知识建构的特征，即通过交流，不仅要分享知识，而且要使知识得到精炼和完善，并让其成为学习共同体成员的共识。

为了活化课堂交流，教师应运用各种策略提高学生参与的广度与深度。教师可以和学生一起制定课堂交流的规则。这些规则包括：挨个说，不抢着说；认真倾听他人发言；不轻易打断别人的发言；观点相同不必重复说，但可以补充说；注意发言用语，不用攻击性语言等。教师也可以选择恰当时机，引导课堂交流的方向，如"有谁读过相关资料，可以帮助我们进一步理解这个问题？""这些新的信息是怎样支持你的想法的？""你要改变或完善你的想法吗？说说你的理由。""你支持还是反对这位同学的说法？为什么？"……

教师可以通过制定课堂交流评价表，促进课堂交流质量的提升与深度学习的发生。（见表3-2）课堂交流评价可以从语言表达、回应方式、意义理解、观点发展和提供依据等多个方面进行。语言表达可关注观点的表达是否清晰流畅，意思是否连贯；回应方式可关注交流时是否认真倾听他人的发言，并以积极的方式回应他人，不说带有攻击性的语言；意义理解可关注是否准确理解交流所涉及的词语、句子、

---

① 左昌伦. 促进学生有效地合作学习［J］. 中国教育学刊，2003（6）：41-43.

段落、篇章的意思与意义；观点发展可关注是否能在理解他人观点的基础上进一步拓展观点；提供依据可关注能否为自己的观点提供论据，如引用权威性资料，列举数据，举出恰当的例子等。①

表3-2　习作学习中的合作交流自评表②

项目	评价要素	评价等级				得分
		4分	3分	2分	1分	
交流与合作	善于倾听、乐于思考	能认真倾听老师和同学的发言，能边听边思考，有自己独立的思考。	能认真倾听老师和同学的发言，能边听边思考，在他人发言的基础上有更多的想法。	能认真倾听老师和同学的发言，能边听边思考，自己的想法较少。	只是倾听，没有自己的想法和思考。	
	敢于表达、自信点评	能根据主题和自己的思考流畅地发表自己的想法，在小组中即时点评发言。	能根据主题和自己的思考比较流畅地发表自己的想法，偶尔在小组中点评发言。	能根据主题和自己的思考偶尔发表自己的想法，偶尔在小组中点评发言。	只是倾听别人的点评和想法，自己不做点评发言。	
	吸纳建议、修改习作	能根据同伴的建议和习作要求，有针对性地修改自己的习作。	能根据同伴的建议和习作要求，修改自己的习作。	能根据同伴的建议和习作要求，在同伴的帮助下修改自己的习作。	依赖同伴修改习作，自己的想法较少。	

① 王晴燕. 利用知识建构圈促进学生参与课堂讨论的研究［D］. 南京：南京师范大学，2014：45-47.
② 案例来源：景洪春、解菊香，《彩笔绘生活，把一件事写清楚》，有改动。

第二节　如何保障小学语文深度学习的实施

　　小学语文深度学习的实施离不开高素质的语文教师，也离不开学校与区域的支持。学校与区域应通过制度创新，更新教师学习组织形式，引领小学语文教师不断提高专业素养。广大语文教师也应通过行动研究，研究真实问题，获得新经验、新方法、新知识，切实推进深度学习研究不断向纵深发展，为小学语文深度学习的有效实施提供良好保障。

一、师资保障：提升语文教师专业素养

　　深度学习的实施推进，是时代发展的必然要求，是教育的主动应对。教师作为深度学习实施推进的主力军，除了以积极的态度认真参与课堂教学变革，还要努力提升自己的专业能力，提高自己的专业素养，认识与理解深度学习的价值与意义，掌握引导学生开展深度学习的有效策略，为小学语文深度学习提供重要的师资保障。

　　为了提高深度学习的领导力，教师应通过自学、培训、实践、反思，提高以下几方面的能力。

　　1. 通识胜任能力①

　　深度学习强调知识、经验的联结，强调在知识、经验联结的基础上通过同化与顺应发展知识的结构，以促进学生学识与智慧的成长。小学语文深度学习常常在统整生活经验、阅读经历和其他学科知识的基础上进行，如果学生缺乏生活经验、阅读经历及其他学科知识，深度学习的效果与质量就会大打折扣，这就给教师带来了极大挑战。如果教师不去努力丰富自己的生活，获得广泛多样的经验，就无法给予学生正确的方向指引；如果

---

　　① 屈玲，代建军. 深度学习视域下教师关键能力的探析［J］. 教学与管理，2019（4）：54-56.

教师不大量阅读，汲取丰富知识，就无法促进学生有效地建构与发展知识；如果教师不关心其他学科知识的进展，就很难找到有效的切入口去整合多个学科，引领学生开展深度学习。因此可以说，教师所具备的经验和知识的广度与深度，及其对知识的汲取、分析、判断和处理能力，即通识胜任能力，是教师专业能力的基石和学生深度学习落实的保障。

2. 课程统整能力

深度学习依赖于统整性学习活动的展开，这对教师的课程统整能力提出了新的要求，促使教师不断学习课程统整知识，并提升课程统整能力。教师应掌握三种课程统整的方法：（1）以文学为中心组织深度学习内容；（2）以话题为中心，围绕话题组织跨学科领域深度学习内容；（3）以问题或项目为中心，围绕学生感兴趣的问题或需要完成的交际任务，组织真实情境下的深度学习内容。教师还应掌握评估课程统整主题的标准，如：主题对于学生的整体发展具有价值，包括社会、情感、美学、身体、认知的成长；主题所涉及的概念与经验适合学生；主题是开放的，具有产生大量学习成果的可能；主题能激发学生兴趣；主题能令学生产生困惑；主题能与学生的生活建立有意义的联系；主题能创设一种鼓励探究与选择的氛围；主题关注批判性、创造性思维；主题涉及丰富的文献与其他资源等。教师还应加强与其他学科教师的合作，就课程统整听取其他学科教师的意见与建议，以做好课程统整工作，发展课程统整能力。

案 例 链 接

　　北京石油学院附属小学结合教材安排、学生需求，根据学校资源以及教师专业能力，遵循先易后难、由浅入深的原则，确定深度学习单元主题，并进行课程统整。
　　一年级："家"单元——我爱我家之给流浪猫、狗安家
　　二年级："书的世界"单元——我是小小读书郎

　　三年级："成长"单元——安徒生童话阅读

　　四年级："民族之花"单元——"私人订制"中华民族园手绘导游路线图活动

　　五年级："家园的呼唤"单元——水的呼唤

　　六年级："岁寒三友"单元——题画诗①

　　上述小学语文深度学习单元主题围绕话题组织，从了解图书的来源、基本构成，理解童话、题画诗，认识水与水环境保护，拥有民族知识、地理知识，掌握地图绘制技能等多个方面，对教师的通识胜任能力、课程统整能力提出要求。对教师而言，唯有始终保持学习的热情，不断学习，大胆实践，才能应对深度学习与教学改革所带来的挑战。

　　为了吸引更多学校与教师投身于深度学习研究与实践，区域可以依托课题研究，多方创造条件，创新工作机制，全程跟踪深度学习研究与实践过程，发布与宣传研究成果，全方位促进学校与教师行动起来，在行动中提升教师的教学能力、科研能力与表达能力。

　　3. 数字媒介素养

　　信息技术的不断变革及其与基础教育教学的不断融合，为深度学习的有效开展提供了良好契机。优质、多样的数字教学资源与软件工具组成的数字化、智能化的教学环境，为小学语文深度学习高质量开展提供了良好条件。教师应具备良好的数字媒介素养，具有运用数字媒介促进教学变革的意识，能积极了解数字媒介的内涵与类型，努力掌握数字媒介的应用原则与方法。在深度学习指导过程中，教师应有意识地将数字媒介与语文学习联系起来，拓展深度学习时空，增加深

---

　　① 案例来源：郭红霞，《静水流"深"，博而有"度"：北京石油学院附属小学"深度学习"项目实施策略》，有改动。

度学习资源，加强深度学习线上线下的合作交流，更新深度学习成果
的展示方式，全面提升小学语文深度学习的品质。

二、制度保障：建立深度学习工作坊

　　工作坊是指聚焦问题与主题，通过一些简短深入的课程、讨论或
一系列会议，在实践共同体中提升素养的学习组织形式。教师工作坊
是指一群志同道合的教师组成教师实践共同体，在团队合作中调动已
有知识、经验，与同伴深度交流、合作实践，共同解决问题并发展专
业素养的学习组织形式。深度学习的研究热潮呼唤区域或学校积极组
建深度学习工作坊，吸引一大批小学语文骨干教师聚焦深度学习的本
质、特征与实施策略开展研究与实践，从制度上保障基于深度学习的
课堂变革落到实处。

　　深度学习工作坊的实施可分为触发阶段、探索阶段、整合阶段与
问题解决阶段四个阶段。[①] 在触发阶段，工作坊学员交流在学习与实践
深度学习过程中存在的问题或困惑，找出共同感兴趣的研究问题或研
究主题。在探索阶段，工作坊学员通过资料收集、信息交换与共享、
批判与质疑等方式，对已经确定的研究问题或主题开展初步探索。在
整合阶段，工作坊学员对探索阶段获得的新信息进行加工处理，将新
的观点与原有的经验进行联结与整合，实现意义建构，确定问题解决
方案。在问题解决阶段，工作坊学员运用已有解决方案深入教学现场，
尝试解决触发阶段提出的问题，并反思学习与研究的过程，提取学习
与解决问题的策略。

　　要提升深度学习工作坊的学习质量，关键在于做到以下两个方面：
（1）设计高质量的话题，促进教师开展理论与实践的对话。话题要有

---

　　① 黄庆玲. 教师工作坊在线讨论深度及影响因素研究［D］. 上海：华东师范大学，
2017：21.

一定的趣味性，能激发工作坊学员的参与动机；话题要有一定的启发性，能激活工作坊学员的思考；话题与分话题之间要有一致性，能促进工作坊学员持续进行思考；话题具有实践价值，能支持工作坊学员获得有意义的学习经历。（2）提高工作坊学员的领导力，促使深度讨论的发生。要借用外力提供学术支持，提升讨论深度；要挖掘学员的潜能，开展形式多样、活泼有趣的交流活动；要及时整理与提炼学员的观点，促进知识的协同建构。①

三、学术保障：实施深度学习行动研究

教育研究领域内的行动研究是指教师在工作情境中，以问题解决为取向，运用反思与批判精神研究与改进教育教学工作，并获得专业成长的一种研究活动。简单地说，行动研究就是行动者在行动中研究行动的活动。

推进小学语文深度学习，推动小学语文教学变革不是一件简单的事。教学主体的复杂性、教学内容的多样性、教学环境的多变性都给小学语文深度学习的实施增加了难度。只有开展行动研究，深入小学语文教学现场，聚焦小学语文深度学习实践中存在的问题，设计问题解决方案，并通过实践、检验、反思解决问题并获得问题解决策略，才能为深度学习的有效实施提供良好的学术支持与保障。

小学语文深度学习行动研究可以采用研究日志、教学故事、课例研究等多种方式。研究日志以第一人称忠实记录深度学习发生与发展的过程。在行动研究中，研究日志既是对教师经历的记录，又是重要的收集资料的工具。小学语文深度学习研究的起因与问题、研究的过程、研究的结果、研究的反思等都可以通过撰写研究日志的方式得以

---

① 黄庆玲. 教师工作坊在线讨论深度及影响因素研究［D］. 上海：华东师范大学，2017：52-58.

记录与分析，而这些分析与记录又为教师生成其他的行动研究成果提供第一手的资料。

教学故事有利于教师基于情境理解小学语文深度学习的重要意义，培养教师对小学语文深度学习的理解力、洞察力。教学故事通过精心构思，运用叙述的手法、生动的语言描绘小学语文深度学习事件的发生、发展过程，并以此引发读者的思考。教学故事重视教师与学生的课堂生活，着力于从真实的课堂生活中寻找小学语文深度学习的内在结构，摒弃可能简化或歪曲事实的外在框架。在教学故事中，细腻翔实的描述力求创造一种现实感，淋漓尽致地展现小学语文深度学习的真实原貌，剖析深度学习现象背后隐藏的种种关系。构思与撰写教学故事的过程是深度学习行动研究者观察他人与自身生活的过程，也是其沉静思考的过程。静心倾听现象背后的声音，站在多个角度思考与挖掘小学语文深度学习的现象与本质，能使深度学习行动研究者脱离对他人思想的依附，以深度学习问题解决为依托，穿越真实情境的复杂性与丰富性，达成对小学语文深度学习的深层理解，而这种理解是教师个体与教师团队教学智慧形成的基点，也是深度学习实施的有力保障。

课例研究是指将某一单元或某一主题的深度学习课例作为个案开展研究。课例研究可以打破长期由理论专家统领的理论研究和教师的实践操作之间的藩篱，为教师融合运用教育教学理论与教学实践经验解决小学语文深度学习问题提供了一条可行的途径。在课例研究中，教师可聚焦自己感兴趣的深度学习问题，将某种纸面上的教学理论或者方法转化为具体的教学行为，尝试解决问题，并在此过程中汲取他人所长，整理和提升个人经验，建构小学语文深度学习新知识，并改善自己的教学实践技能。小学语文深度学习课例研究不是教师个体的行动研究，而是教师团队或教师工作坊的共同研究。团队成员的分工合作与对话互动，能为找到良好的问题解决方案，以及深度学习理论与实践新知的创生奠定良好的基础。

第四章

小学语文深度学习的教学案例

案 例 一

走近伟人，学讲故事
（二年级）

▶**案例名片**

授课年级：二年级第一学期

单元总课时：八课时

设计者：刘敏、赵莉①

执教者：刘敏

【单元学习主题】

（一）主题名称

走近伟人，学讲故事

（二）主题解读

本单元四篇课文分别讲述了毛泽东、朱德、周恩来、刘胡兰的故事。这是小学语文 12 册教科书中集中讲述伟人故事的单元，对传统文化和革命文化的教育具有重要价值和意义。因此，我们将本单元学习主题确定为"走近伟人，学讲故事"。这一主题可使学生认识中华民族的杰出代表，感受伟人的精神和人格魅力，从而接受中华传统美德及革命精神的熏陶和感染，为学生人生观、价值观的形成涂上底色。"学讲故事"聚焦在学习语言的建构和语言文字的运用上。学生讲故事要

---

① 刘敏，江苏省徐州市云兴小学教师；赵莉，江苏省徐州市云兴小学教师。

经历阅读、思考、理解、语言组织和表达等一系列过程。而读、讲、思融为一体的语文实践活动既可以提高学生的语言建构能力，内化课文语言，提高思维的条理性，又可以有效提高学生的口头语言表达能力，为学生的书面语言表达奠定基础。同时，讲伟人故事也是学生主动感受伟人精神和品格的过程，在讲故事的过程中接受中华传统文化和革命文化的教育，培养文化自信，提升语文核心素养。

《语文课程标准》在低年段"阅读与鉴赏"的学段要求中提出阅读浅近的故事，"对感兴趣的人物和事件有自己的感受和想法，并乐于与他人交流"，对低年级学生的"表达与交流"提出明确要求，"能较完整地讲述小故事，能简要讲述自己感兴趣的见闻"。本主题学习活动是对课标要求的践行。本单元的四篇课文《八角楼上》《朱德的扁担》《难忘的泼水节》《刘胡兰》是通过具体的事件表现伟人心系百姓或革命先烈的崇高品格。课文内容虽浅显，但低年级学生阅读能力不强，故事发生时间和背景远离学生的生活经验，教师要引导学生通过反复朗读，了解伟人特定的生活环境，使学生读懂课文，认识伟人，认同伟人或革命先烈的崇高品格和伟大精神，这是本单元重要的学习目标。我们发现统编小学语文教科书一二年级教材中的课后习题指向讲述故事的练习有 11 次，可见对学生学讲故事的重视。四篇文章中虽有 30 个需要会写的生字，但没有太多难写、易错的字。学情调查显示，教学中采用复现强化书写与针对性检测相结合的方法，可以基本落实生字教学。基于本单元教材的这些基本特点，我们将本单元学习重点落在"学讲伟人故事"上，力求在边读边讲，读一读、讲一讲伟人故事的语文实践中完成单元学习活动，学习课文中的语言文字，提高讲故事的能力，感受伟人品质，接受传统文化和革命精神教育。

故事类课文在低年级教材中占据主要地位，是低年级学生接触最多、最感兴趣的文本形式；学生讲述故事可以得到家人、同学、老师的鼓励，会大大激发他们的表达兴趣和自信心；通过讲故事还能潜移默化地完成对课文语言的理解，并且润物细无声地接受思想品德熏陶。

经过一年级的讲故事练习，学生对讲故事有了一定的基础。就本班学生来说，他们一年级时就在讲故事学习活动中初步习得了讲故事的方法，具备了一定的能力，再加上课内外各种练习，他们对讲故事并不陌生，愿意积极主动地参与到单元学习活动中。本单元将四篇课文进行整合，重点定位在"学习讲故事"上，通过学讲多个伟人故事，可以激发学生的学习兴趣，也会引发其对伟人的憧憬和模仿。清楚、完整地讲述伟人故事，可以大量学习课文中规范的书面语言运用，有利于学生进行写话和习作，同时也可以接受美好品德熏陶、革命文化教育。

根据以上分析，本单元确立的学习主题不仅有利于提高学生的阅读与口头表达能力，也能有效培养学生的语文核心素养。

设 计 意 图

教师依据语文核心素养发展要求，结合《语文课程标准》第一学段要求和单元教学内容，并且通过学情调查，确定单元学习主题"走近伟人，学讲故事"是科学的，也是恰切的，目标集中，具有挑战性，体现能力进阶和情感、态度、价值观的引导浸润。

【单元学习目标】

（一）学习目标分析

语文核心素养强调学生文化自信、语言运用、思维能力、审美创造。《语文课程标准》要求低年级学生"能较完整地讲述小故事，能简要讲述自己感兴趣的见闻"。本单元课文内容浅显，结构清晰，故事性较强，是进行口头表达能力训练和情感熏陶的好材料。据此，我们确定了本单元的语文学习目标为"在读一读、讲一讲中学习清楚、完整地讲故事"。把"讲清楚、完整"作为讲故事的基本要求，把"讲流畅、有感情"作为进阶要求，切合低年段学生的特点，可以激发学生的学习兴趣。本单元的四篇课文内容虽不同，但主题相近且鲜明，故事中的人物均心系百姓，品格高尚，是对学生进行思想品德教育的好素材，所以确立"感悟伟人品质"的学习目标。学生在读一读、讲一讲中既可以感悟人物品质，达到认同、欣赏、熏陶、感染的目的，又可以锻炼学生表达与倾听的能力。

通过学情调查，我们分析发现了本班学生的学习情况。

1. 学生对毛泽东、朱德、周恩来、刘胡兰等历史人物及其生活的时代背景缺少了解，对文章中具有特殊背景和时代感的词语缺乏认知，如会师、根据地、挑粮、农业生产、泼水节、国民党反动派、锄刀等。因此，在理解历史人物、感受人物品质、产生情感共鸣上有困难，需要做必要的讲解，适当补充资料，以帮助学生化解理解上的困难。

2. 二年级学生初步具备了独立识字能力，掌握了比较识字、形声字识字、利用旧字识字等自学生字的方法，少数学生能积极主动地拓展识字，部分学生能在老师的提示下运用识字方法识字，但尚不能自觉、熟练地独立完成。课前对一组 12 名学生所做的调查显示：本单元要求认识 52 个生字，学生认字率达 72.7%；要求会写的 30 个生字，学生已全部认识，默写正确率达 63.4%。

3. 大部分学生能正确流利朗读课文。对同年级其他班级一组 12 名学生所做的调查显示：学生朗读的积极性很高，喜欢放声朗读课文，易被书中的语句感染，能抓住标点、关键词读出文章的内在情感。

4. 讲述故事能力上还存在较大差异。抽查的 12 名学生在熟练朗读课文的基础上，仅有 2 名学生能做到清楚、完整地讲述；4 名学生讲述故事的能力还很差，不能将故事清楚、明白、有条理地讲述出来，需要进行有目的的专项训练。

抽样内容（随机）	抽样学生情况（比率）	抽样反馈	调查意图
《八角楼上》《朱德的扁担》《难忘的泼水节》《刘胡兰》	优秀（16.7%）	能响亮、清楚、完整地讲述故事；停顿正确，重音、语调、语速合适；态度大方、手势得当。	1. 了解学生口语表达的能力：清晰度、完整度、连贯性、条理性。 2. 了解学生口头表达的积极性及学生之间的主要差距。
	良好（50%）	能在老师提示下较清晰、较完整地讲述故事；声音较响亮，停顿较正确，重音、语调、语速较合适；态度较大方。	
	一般（33.3%）	声音较轻，不能完整讲述故事，通顺和连贯性较差；讲述中没有语调、语速、重音的变化；神情紧张，有下意识的小动作。	

（二）单元学习目标

综合以上分析，我们确定了以下单元学习目标。

1. 通过课前自主识字、课上随文识字与集中识字，能正确认读 52 个生字，能根据语境读准 3 个多音字，会正确书写 30 个字和 32 个词语。能联系上下文理解词意，自觉积累词语并尝试运用。

2. 借助拼音，反复练习，能正确、流利地朗读课文，理解课文内容；能抓住表现人物品质的词句感悟伟人、革命先烈心系百姓、无私奉献的精神，接受初步的中华优秀传统文化和革命文化教育。

3. 借助词语和提示，能够清楚、完整地讲述故事，努力做到声音响亮，态度自然大方。

4. 借助联想，把故事讲生动，有一定的感染力。

5. 认真倾听他人讲故事，能对他人讲述的故事发表意见。

【单元学习活动】

（一）设计思路

按照本单元学习主题和目标，分三个阶段设计本单元学习活动。第一阶段完成本单元四篇课文的基础教学目标，让学生朗读课文，认识生字新词，练习写字。第二阶段兼顾基础教学目标落实和主题学习任务完成，还是先读熟四篇课文，通过朗读继续复习巩固课文中的生字词语，在读熟课文过程中指导、帮助学生熟悉课文语言；让学生学习并练习讲故事，了解讲故事的要求。第三阶段进入讲伟人的故事的实践操练和展示阶段，在学生讲述课文中四个故事的基础上，引导学生搜集伟人故事，举行"伟人的故事我会讲"主题活动。三个阶段设计五项学习活动，用八课时完成。各阶段学习活动安排如下。

第一阶段：朗读四篇课文，读正确，读懂内容，认识生字新词，练习写字（四课时）

学习活动一：我爱学生字（四课时）

读通四篇课文，学习生字词。每个课时读懂、读熟一篇课文，对课文中的生字新词进行有针对性的指导，重点关注难写易错的生字和不好读的句子。这些都是完成单元主题学习任务的基础和前提。对于低年级学生，要以识字教学为重点，课文中的生字词语必须认真落实，牢固掌握。光靠一个课时很难落到实处，必须经过反复多次复习才能有效巩固。课文朗读要读正确、读流利，对大多数学生而言也不是一节课能够完成的。因此，学习目标 1 提出的学习任务，在第一阶段只能部分落实，应该和第二阶段学习讲故事的任务结合起来，继续落实。

⑅ 设 计 意 图 ⑅

识字写字是第一学段的重要学习内容，在本单元的学习活动设计中，贯串于两个阶段五个课时。在第一阶段的学习活动中，学生通过随文识字和有针对性地集中识字写字，能较为扎实地达成单元学习目标1，同时也为学生读通文章、读懂文章，初步了解伟人故事，感受伟人精神品质奠定了基础。教学设计符合年段特点。

　　第二阶段：复习四篇课文中的生字词语，在指导下写字；继续读熟课文，熟悉课文语言，在此基础上了解讲故事的要求，练习讲故事（两课时）

　　学习活动二：学讲毛泽东和刘胡兰的故事（一课时）

　　熟读《八角楼上》《刘胡兰》，朗读课文，感悟人物品质；巩固本课生字词语，积累词句；明确讲故事的要求，练习讲故事。此活动主要指向单元学习目标1和目标2，兼顾单元学习目标3和单元学习目标4。

　　学习活动三：练习讲故事（一课时）

　　根据讲故事的要求，练习讲《朱德的扁担》《难忘的泼水节》两个故事。正确流利地朗读两篇课文，感受伟人精神；按讲故事的要求练习完整、清楚地讲述两个伟人故事。结合朗读和讲故事，复习巩固生字词语，积累词句，继续在老师的指导下写字。此活动主要指向单元学习目标1和目标2，兼顾单元学习目标3和单元学习目标4。

设 计 意 图

　　本单元的学习主题是"走近伟人，学讲故事"，在复习巩固生字词语、正确书写、熟读课文的基础上，学生通过完成几个具有能力进阶性质的单元学习任务，达成单元学习目标1、目标2，兼顾单元学习目标3和单元学习目标4。由于单元学习目标3和单元学习目标4具有一定的挑战性，教师对任务进行了合理分解，分两个课时完成：先学讲毛泽东和刘胡兰的故事发展能力，明确讲故事要求，练习清楚、完整地讲故事；再迁移运用方法，尝试练习讲两个故事。这样，学生讲故事的能力不仅能得到提高，而且在不断练习中逐步加深了对伟人精神品质的理解。

第三阶段：读伟人故事，讲伟人故事（两课时）

学习活动四：伟人的故事我会讲（一课时）

设置情境任务——讲故事小达人海选与讲故事小达人晋级赛。借助故事的讲述，进一步深入感受伟人的高尚品质，继续练习把故事讲清楚、讲完整，养成乐于与人分享、交流的习惯。此活动旨在增加学生练习讲故事的机会，引导学生通过讲故事发展能力，从会讲故事到熟练地讲述故事。因此，本次活动主要是以多种形式讲故事的实践练习为主，根据讲故事的要求，安排同桌互相讲一个故事，全班共讲一个故事；从四篇故事中随机选一个讲给同桌听，再讲给全班同学听，师生共同点评等。在讲、听、评系列活动中提高学生讲故事的能力。此活动主要指向单元学习目标 3、目标 4 和目标 5，兼顾单元学习目标 2。

学习活动五：伟人的故事我爱讲（一课时）

设置情境任务——讲故事小达人表演赛。要求学生自己选择伟人的故事，然后在课堂里用喜欢的方式展示搜集到的伟人故事。此课时为拓展延伸活动，继续指向单元学习目标 3、目标 4 和目标 5，兼顾单元学习目标 2。

⊙ 设 计 意 图

第三阶段发布的情境任务较为适切、有趣，能够激发学生讲故事的积极性，增加全班学生练习讲故事的机会，在讲、听、评活动中切实提高学生讲故事的能力，使学生能够深入感悟伟人的精神品质。拓展延伸活动与教科书里的伟人故事关联性强，有利于学生运用本单元形成的能力进行语文实践活动。

（二）单元学习规划

课时	学习目标	学习内容	学习活动	学习资源
第一课时	1. 能正确朗读课文。 2. 认识课文中10个生字，正确率不低于60%。 3. 书写6个汉字，书写正确率100%。 4. 学习用字典查检字义。	1. 朗读《八角楼上》。 2. 学习本课生字新词。	1. 依据导学单，自由朗读、合作正音。 2. 读书小擂台，读书中相机学习生字新词。 3. 交流导学单中"我是小老师"的问答。检测生字新词掌握情况。 4. 查字典，理解加点字的意思。 5. 快乐书写。	课文、新华字典、导学单
第二课时	1. 能正确朗读课文，感受朱德与战士同甘共苦的精神。 2. 认识课文中14个生字，识读正确率不低于60%。 3. 书写8个汉字，书写正确率100%。	1. 朗读《朱德的扁担》。 2. 学习本课生字新词。	1. 依据导学单，自由朗读、合作正音。 2. 读书小擂台，读书中相机学习生字新词。 3. 交流导学单中"我是小老师"的问答。检测生字新词掌握情况。 4. 快乐书写。	课文、新华字典、导学单
第三课时	1. 能正确朗读课文，体会周总理与人民群众心连心的情怀。 2. 认识课文中17个生字。认读正确率不低于60%。 3. 书写8个汉字，书写正确率100%。	1. 朗读《难忘的泼水节》。 2. 学习本课生字新词。	1. 依据导学单，自由朗读、合作正音。 2. 读书小擂台，读书中相机学习生字新词。 3. 交流导学单中"我是小老师"的问答。检测生字新词掌握情况。 4. 快乐书写。	课文、新华字典、导学单

续表

课时	学习目标	学习内容	学习活动	学习资源
第四课时	1. 能正确朗读课文，感受刘胡兰刚强不屈、大无畏的革命精神。 2. 认识课文中11个生字，认读正确率不低于60%。 3. 书写8个汉字，书写正确率100%。	1. 熟练朗读《刘胡兰》。 2. 学习本课生字新词。	1. 向同学讲解学到的新词，正确朗读新词。 2. 跟着老师学习读好长句子，感受人物的品质。 3. 反复练习把课文读正确，读熟练。 4. 快乐写字。	课文、新华字典、导学单
第五课时	1. 掌握《八角楼上》《刘胡兰》两课的生字，正确率达到80%。 2. 正确流利朗读课文。品悟毛主席为了中国革命的胜利忘我工作的精神，感受刘胡兰坚强不屈的大无畏革命精神。 3. 知道讲故事的要求，练习清楚、完整地讲故事。	1. 朗读课文《八角楼上》《刘胡兰》。 2. 了解讲故事的要求。 3. 练习讲故事。根据提示练习讲《八角楼上》和《刘胡兰》的故事。 4. 知道讲故事的要求：讲清楚、讲完整。	1. 复习巩固生字。正确默写14个汉字。 2. 熟练朗读课文，在朗读中感悟毛主席和刘胡兰的高贵品质。 3. 在老师指导下，明确讲故事的要求。 4. 根据课后提示，练习清楚、完整讲述《刘胡兰》的故事。 5. 同桌互听、互评。	新华字典、PPT课件、课文、视频资料

续表

课时	学习目标	学习内容	学习活动	学习资源
第六课时	1. 复习巩固《朱德的扁担》《难忘的泼水节》课文中的生字，正确率达到80%。 2. 正确流利地朗读课文，体悟伟人与人民同甘共苦的品质。 3. 练习完整、清楚地讲故事。	1. 朗读课文《朱德的扁担》《难忘的泼水节》。 2. 练习讲故事。	1. 字词乐园：采用游戏方式检测字词掌握情况。正确默写课文中的16个汉字。 2. 熟练朗读课文，简单说说让自己感动的故事内容。 3. 借助关键词句的提示，学讲故事。选择自己喜欢的故事个人练习，小组伙伴交流讲评。	学习单、PPT课件
第七课时	1. 复习字词、语段，识读生字，正确掌握率100%。 2. 通过反复练习，清楚、完整地讲述故事，80%的学生能做到清楚、完整、较熟练地讲述，部分学生态度自然、大方、有礼貌。 3. 在读一读、讲一讲的语文实践活动中进一步感悟伟人和革命先烈的高贵品质，受到传统美德和革命文化的熏陶，并愿意通过读、讲、演表现出来。 4. 认真听他人讲故事，能对自己和他人的讲述发表意见。	1. 巩固本单元四篇课文的课后生字。 2. 分享展示讲故事。	1. 字词乐园：复习巩固本单元生字、部分难写生字，采用合作学习的方法检查订正写错的字。"我是小小朗读者"：选择喜欢的故事，正确、熟练地朗读。 2. 同桌交流：练习讲喜欢的故事，相互交流、评价。 3. 故事分享：全班学生讲故事交流展示，师生共同评价。 4. 看视频学讲故事：对同学讲故事做出评价，评选小达人。 5. 课外搜集伟人故事，交流下节课活动方案。	视频资料、PPT课件、活动方案、评价表

续表

课时	学习目标	学习内容	学习活动	学习资源
第八课时	1. 搜集一个反映伟人高尚品格的故事。 2. 会读会讲：读懂故事，能清楚、完整地讲述故事。能在讲述中传达自己的敬仰之情。 3. 会听会评：倾听他人讲故事并发表意见。	分享搜集到的伟人故事并做评价。	1. "伟人的故事我爱讲。"同桌互讲故事——伟人的故事我爱讲。 2. "伟人的故事我会演。"推选部分学生讲演故事。 3. "伟人的故事我会评。"依据评价量表评议自己或他人的故事，评选"故事大王"。	图书、视频资料、PPT课件、评价表

【持续性评价】

序号	评价目标	评价任务	评价标准	评价方式
1	1. 认识本单元课文中的 52 个生字，读准字音。 2. 正确书写 30 个汉字。	1. 在四篇课文中任选一篇，借助拼音读准生字字音。 2. 识读四篇课文后生字条中的生字。 3. 默写要求书写的字。	1. 朗读课文时能借助拼音读准生字字音。 2. 能正确、熟练认读课后生字条中的生字，识读正确率不低于 90%。 3. 正确书写并能默写 30 个字。	课堂观察、同桌互评、默写生字

续表

序号	评价目标	评价任务	评价标准	评价方式
2	1. 正确流利地朗读课文。 2. 能读懂、理解课文内容。	1. 在四篇课文中任选一篇，正确、流利地朗读课文。 2. 在四篇课文中任选一篇，说说课文讲了关于谁的故事，讲了什么故事。	1. 熟读课文，读正确、读流利。 2. 能准确回答课文讲了关于谁的故事，说出故事主要内容，表达对伟人和革命先烈的敬佩之情。	同桌互读、互评，师生共评，课堂观察、提问
3	1. 能借助提示清楚、完整地讲述故事。 2. 认真倾听，能对别人讲述的故事发表意见。	1. 与同桌相互讲述自己喜欢的故事。 2. 部分学生在班级里展示讲故事。 3. 倾听别人讲故事，填写等级评价表，并发表意见。	1. 故事内容讲述得清晰、完整，能让别人听清楚、听明白。 2. 部分学生讲述时自然、大方、有礼貌。 3. 同学讲故事时能认真倾听并积极思考，听后能填写等级评价表，发表意见。	课堂观察、师生共评、同桌或小组互评
4	1. 能按要求课外搜集伟人故事。 2. 能清楚、完整地讲述自己读到的伟人故事。	1. 与同桌相互讲述搜集的伟人故事。 2. 部分学生在班级里展示讲故事。 3. 填写等级评价表，并发表意见。	1. 搜集的故事符合要求。 2. 会清楚、完整地讲述课外读过的故事。	课堂观察、师生共评、同桌或小组互评

设 计 意 图

评价方案贯串于整个单元学习的始终，能够有效促进单元学习目标的达成：包括学习巩固生字词语；能够正确、流利地朗读课文，读懂课文内容；学习清楚、完整地讲故事，在别人讲故事时能认真倾听并发表意见；在读讲故事的语文活动中感悟伟人的品质。针对评价目标所设计的评价任务较为清晰、准确；评价标准非常明确，学生易于理解使用，评价方式多元，有助于学生理解、反思，增强学习主动性，获得素养水平提升。

【教师反思】

通过本单元学习，学生讲故事"优秀"的比率提升了 25%，"一般"的比率降低了 16.6%。但前几次试教暴露出来的问题也是不容忽视的。

1. 教师多站在设计者的角度进行思考，缺少对学生学习角度的关注。为了凸显教师的指导作用，我们设计了许多复杂的学习活动。这些活动既忽视了学生的接受能力，又偏离了学习目标。

2. 超纲教学造成教学内容的晦涩。我们把"借助联想，把故事讲生动，有一定的感染力"列入了学习目标，无形中增加了难度，拔高了要求，造成了目标的虚设。

3. 重方法指导，轻实践练习。本单元学习目标之一是学习清楚、完整地讲述故事。"讲故事"是语文技能而非语文知识。语文技能的形成需要在具体的情境中，通过反复、扎实操练和自主学习实践才能获得，否则教师设计得再精妙，教授方法再高明也终将无济于事。

此次教学，我们也努力做到了以下几点：

1. 单元学习目标中人文要素与语文要素达成的同时，没有忽略单篇课文中基础知识的学习，始终关注学生良好学习习惯的培养。如，本次教学从课前的导学单、课上的重点识字，到每一课的课前练习，再到课后的复习检测都指向生字词语的学习。朗读教学更是形式多样地回环往复于课前、课中、课后。

2. 落实了"一课一得"的教学理念。"学讲故事"不仅培养了学生的语言运用，还促进了思维能力的发展。通过本单元的学习，学生讲故事的能力切实得到了提升。经过课前抽查和课后调查的对比显示，"优秀"和"一般"的比率都有不同程度的提升。

3. 把讲故事的方法指引嵌入讲故事的实践过程中，变泛泛而谈为有针对性地指导、点拨、激励。

4. 把学生自评、互评和教师的评价结合起来。

5. 关注学生"讲"的同时，也关注"听"的习惯培养。

下面是我们在本单元学习任务完成后对学生"讲故事"能力的跟踪调查（课后）。

"讲故事"能力跟踪调查表

抽样内容（随机）	抽样学生情况（比率）	抽样反馈	调查意图
《八角楼上》《朱德的扁担》《难忘的泼水节》《刘胡兰》	优秀（41.7%）	能响亮、清楚、完整地讲述故事；停连准确，重音、语调、语速合适；态度大方、手势得当。	1. 探查学生口语表达的能力——清晰度、完整度、条理性。 2. 分析是否较教学之前有进步。 3. 探查学生进行口头表达的积极性。 4. 梳理学生在"学讲故事"上还存在的主要问题。
	良好（41.6%）	能在老师提示下较清晰、较完整地讲述故事；声音响亮，停连准确，重音、语调、语速较合适；态度大方、手势得当。	
	一般（16.7%）	音量低，不能完整、简洁地讲述故事，讲述不通顺，不连贯；讲述中没有语调、语速、重音的变化；神情紧张，有下意识的小动作。	

"走近伟人，学讲故事" 第七课时教学流程

学习目标	1. 复习字词、语段，识读生字，正确掌握率 100%。 2. 通过反复练习，清楚、完整地讲述故事，80% 的学生能做到清楚、完整、较熟练地讲述，部分学生态度自然、大方、有礼貌。 3. 在读一读、讲一讲的语文实践活动中进一步感悟伟人和革命先烈的高贵品质，受到传统美德和革命文化的熏陶，并愿意通过读、讲、演表现出来。 4. 认真听他人讲故事，能对自己和他人的讲述发表意见。	

教学环节	学习活动	评价要点
环节 1	**复习生字，流利朗读** 1. 抽查、默写四篇课文中的部分生字。 2. 随机选择一篇课文，正确、流利地朗读。与同桌交流、评价朗读。	1. 默写正确率不低于 90%。 2. 能正确、流利地朗读课文。
环节 2	**我爱讲故事** 1. 自己练习讲一个故事。 2. 和同桌互讲互听，把故事讲清楚、讲完整。 3. 认真倾听同桌、伙伴讲故事，然后相互评价。	1. 清楚"读"与"讲"的不同，清楚什么是"自己的语言"。 2. 把故事讲清楚，讲完整。 3. 对自己和他人讲故事发表意见。
环节 3	**"我是讲故事小达人"海选** 1. 按照情境任务的要求，推荐"讲故事小达人"，在全班讲故事。 2. 部分学生在全班展示交流，师生共同评价。	1. 清楚、完整地讲故事。 2. 善于倾听与借鉴，对他人讲故事发表意见。

续表

教学环节	学习活动	评价要点
环节 4	**跟"故事大王"学讲故事** 1. 观看视频。 2. 交流值得学习的地方。 3. 组内练习，推荐展示。 4. 交流评议，就"自然、大方、有礼貌"请组内同学打星。 5. 评选"讲故事小达人"。	1. 自然、大方、有礼貌地讲述故事，讲述自己版本的故事。 2. 学生参与活动的积极性、认真程度。 3. 善于倾听与借鉴。 4. 对自己和他人讲故事发表意见。
环节 5	**我的作业我做主** 1. 交流："走近伟人，学讲故事"活动里，你想做些什么？ 2. 综合意见，布置作业。	1. 学生热爱伟人，喜爱读故事。 2. 自觉阅读，有浓厚的课外阅读兴趣。

案 例 二

在观察中发现大自然的可爱
（三年级）

▶案例名片

授课年级：三年级第二学期

单元总课时：九课时

设计者：金晓润、季佳赟、吴莹、张路、季晨①

执教者：季佳赟

【单元学习主题】

（一）主题名称

发现大自然的可爱，把观察到的事物写清楚

（二）主题解读

统编教材三年级下册第一单元编排了《古诗三首》《燕子》《荷花》《昆虫备忘录》四篇课文，多角度展现了大自然中生灵的可爱。本单元表达方面的语文要素是"把观察到的事物写清楚"，单元学习主题"发现大自然的可爱，把观察到的事物写清楚"就是根据本单元人文主题和语文要素提炼概括的，较好地体现了语文课程工具性与人文性统一的特点。

———————————

① 金晓润，浙江省宁波市鄞州区教育学院教师；季佳赟，浙江省宁波市四眼碶小学教师；吴莹，浙江省宁波市鄞州区江东中心小学教师；张路，浙江省宁波市鄞州区第二实验小学教师；季晨，浙江省宁波市贵玉小学教师。

《语文课程标准》的课程目标在"表达与交流"第二学段提出"观察周围世界，能不拘形式地写下自己的见闻、感受和想象，注意把自己觉得新奇有趣或印象最深、最受感动的内容写清楚"。本单元学习主题"发现大自然的可爱，把观察到的事物写清楚"切合《语文课程标准》第二学段的学段要求。一是通过阅读与观察，感受大自然的美好，激发对大自然的喜爱之情，提升学生的审美力。二是引导学生梳理并学习作者观察动植物的方法，引发学生观察周围世界的兴趣，提高学生的观察能力。三是学习课文的语言表达，体会作者是怎样把动植物的可爱表达清楚的，积累语言材料，促进语言运用。

根据单元学习任务，教师在教学中不仅要引导学生发现大自然的美好，学习观察方法，提高观察能力，更要关注学生是否能将观察到的事物表达清楚，提高学生的语言表达能力。

统编教材重视学生观察力的培养。第二学段教材中有四个单元的语文要素与"观察"和"写清楚"有关，如下表所示。

册次单元	人文主题	语文要素	课文
三年级上册第五单元	生活中不缺少美，只是缺少发现美的眼睛。	1. 体会作者是怎样留心观察周围事物的。 2. 仔细观察，把观察所得写下来。	《搭船的鸟》 《金色的草地》
三年级下册第一单元	飞鸟在空中翱翔，虫儿在花间嬉戏。大自然中，处处有可爱的生灵。	试着把观察到的事物写清楚。	《古诗三首》 《燕子》 《荷花》 《昆虫备忘录》
三年级下册第四单元	看，花儿在悄悄绽放。听，蜜蜂在窃窃私语……自然界如此奇妙，留心观察，会有新的发现。	观察事物的变化，把实验过程写清楚。	《花钟》 《蜜蜂》 《小虾》

续表

册次单元	人文主题	语文要素	课文
四年级上册 第三单元	处处留心皆学问。	1. 体会文章准确生动的表达，感受作者连续细致的观察。 2. 进行连续观察，学写观察日记。	《古诗三首》 《爬山虎的脚》 《蟋蟀的住宅》

　　综合分析四个单元与"观察"有关的语文要素，大致呈现三个特点：一是单元人文主题均与大自然有关，在观察中感受自然之美、自然之妙。二是观察的能力发展前后衔接，层层提升，注重学生观察习惯的养成。三是将观察与表达密切联系在一起，通过表达促进观察能力的提高。

　　比较三年级三个单元的要求发现，三年级上册教科书只要求把观察到的事物"写下来"，三年级下册的两个单元则强调要在观察基础上，把观察到的事物"写清楚"，重点是"写清楚"。"发现大自然的可爱，把观察到的事物写清楚"较好地把握住教科书的编写特点，能够实现单元人文主题、阅读、习作要素三者的统一。

　　从学情方面分析，我们在某小学随机抽取三年级组 40 名学生并与其进行了面谈，对学生的观察和表达能力现状进行了测试。

观察两幅图（限时1分钟），说说找到了哪些不同

通过现场的观察谈话我们发现，这 40 名学生找到两幅图中七个不同之处的准确率达到 80%。这说明学生观察的细致程度不错。主要存在的问题是观察的随意和零散，不能按顺序观察。表达方面存在的主要问题是看到什么说什么，表达呈碎片化，很少能按照人物、植物、动物等类别进行有序表达；表达不够清晰，对每一个不同处的表达只能意会，语言表述不清楚，例如只能说出"女孩的发箍不同"，而说不清一个发箍有不同颜色的小球，另一个没有……。因此，在对于"学会有序观察，特别是如何将观察的内容表述清楚"，学生仍然存在不少问题，这是中年级段学生需要指导和训练的重点。

设 计 意 图

"发现大自然的可爱，把观察到的事物写清楚"这一单元学习主题，从教科书编排特点、《语文课程标准》要求、单元所承载的语文核心素养的进阶发展、学生的学习基础和发展需求四个维度综合考量、科学制定，基于真实学情，将单元学习内容结构化，能够承载单元全程学习，促进学生的观察能力和表达能力连续进阶，有助于学生语文核心素养的形成。

【单元学习目标】

（一）学习目标分析

1. 从《语文课程标准》来看，第二学段在"表达与交流"方面要求"观察周围世界，能不拘形式地写下自己的见闻、感受和想象，注意把自己觉得新奇有趣或印象最深、最受感动的内容写清楚"。

统编教材三年级下册第一单元不论是人文主题的确定、语文要素的指引，还是课后习题的编写，都努力吻合《语文课程标准》的要求。本单元的核心目标一是对观察方法的学习，在观察中发现新奇有趣的自然世界；二是尝试用有新鲜感的语言把观察到的内容说清楚、写清楚，感受观察之趣，发现自然之美。

2. 从真实学情来看，学生完成这个主题学习任务至少有两个难点。一是如何发现大自然的美好可爱。生活中不缺少美，但是缺少发现美的眼睛。二是把自己观察到的事物"写清楚"。对于处于写作起步阶段的三年级学生而言，要把观察到的事物写清楚，有相当大的难度，必须通过反复训练才能奏效。基于上述认识，我们认为本单元的学习重点可以从两个方面来确定：学习对不同事物多角度有序观察的方法；尝试把观察到的内容说清楚、写清楚。

3. 本单元有三点语文要素："试着一边读一边想象画面""体会优美生动的语句""试着把观察到的事物写清楚"。三点语文要素如果平均使用力量，很难落到实处，难以实现学生的深度学习。为此，我们将本单元的学习目标聚焦在"学习作者的观察方法，把观察到的内容写清楚"上，把"观察事物"和"写清楚"作为重点，对于其他两个语文要素，教师在教学过程中兼顾，但不作为学习目标提出。调整后的教学目标使本单元的学习重点更加集中明确，有利于突破单元的教学难点。

同时我们还对本单元的课文、口语交际、习作和语文园地等教学内容进行整合，使本单元的教学围绕主题学习任务，形成"学习观察—体会表达—说清楚—写清楚"的完整学习过程。环环紧扣，层层递进，让学生"在观察中发现大自然的美好"，高质量地达成本单元的学习目标。

（二）单元学习目标

1. 能正确认读 31 个生字，根据语境能读准 4 个多音字，按照写字要领能正确书写 24 个字和 29 个词语。

2. 学习《燕子》《昆虫备忘录》《荷花》，能正确、流利朗读课文，认识作者观察动物、植物时的不同方法，体会课文优美的语言表达，感受自然之美和作者对大自然的喜爱之情。经过反复练习，在理解感悟课文内容与语言表达特点时能够正确、流利地朗读课文，激发观察大自然的兴趣。通过片段仿写，能够迁移运用观察动植物的方法。

通过学习语文园地和扩展阅读名篇佳作，能够继续体会作者不同的观察方法；在开展主题式探究活动中，积累优美生动的语言，认真细致观察动物、植物，结合口语交际活动能够把一种动物或植物的样子说清楚。

3. 聚焦一种动（植）物，借助观察记录卡，尝试把观察的内容写清楚。能依据习作《我的大自然朋友》的要求进一步修正、完善，围绕"细致的观察""清楚的表达"进行交流评改，展现大自然的美好，表达对大自然的喜爱之情。

【单元学习活动】

（一）设计思路

本单元基于学习主题和目标，分为以下四个阶段主题学习活动。

走进自然　　记录美好　　分享可爱　　展现自然

第一阶段：走进自然（一课时）

正确朗读《燕子》《荷花》和《昆虫备忘录》三篇课文，整体感知课文内容。在教师指导下，学生运用不同的方式学习课文生字词语，理解难懂的词句；交流自己的感受，激发观察大自然的兴趣。

设 计 意 图

这一阶段主要是通过学生自学，读懂理解本单元课文内容，运用掌握的方法自学课文中的生字词语，培养阅读能力和自学字词的能力。这一阶段只要求把课文内容读懂，单元学习目标 1 中的"正确、流利朗读课文"的要求主要在第二阶段结合学习作者不同的观察方法时同步得到落实。

第二阶段：记录美好（四课时）

学习本单元的三篇课文，引导学生正确流利地朗读课文，积累课文里优美的语言表达；通过教师指导、同伴交流、自主实践，学习作者观察动物、植物时不同的方法，体会作者如何将观察到的事物表达清楚，感受自然之美，以此达成单元学习目标2的要求。

三篇课文的学习设计如下：（1）正确、流利地朗读《燕子》，体会语言表达的优美，感受作者对燕子的喜爱之情；认识作者是从不同方面对燕子进行观察，梳理作者观察的方法，列出观察提纲，说清燕子的特点。（2）正确、流利地朗读《昆虫备忘录》，能够自主梳理，说清昆虫的特点，分享有趣之处；比较阅读《燕子》和《昆虫备忘录》，发现两篇课文语言表达的不同。（3）正确、流利地朗读《荷花》，体会语言表达的优美，体会荷花之美；认识作者观察植物的方法，体会作者运用富有动感的词语写清植物姿态的表达方式；仿照课文运用的观察方法，观察一种喜欢的植物，把自己观察的植物写下来。《燕子》和《昆虫备忘录》安排两课时，《荷花》安排两课时。

设　计　意　图

第二阶段学习活动主要围绕单元学习目标2学习不同的观察方法而设计。在教师指导下，学生通过自主学习、同伴交流，体会作者观察动物和植物的不同方法；通过口头介绍课文中的动物和植物，进一步认识作者的观察方法；结合《荷花》设计一次小练笔，通过模仿，可以让学生对作者的观察方法领会得更加真切；对一篇篇课文的反复朗读，把课文读正确、读流利，体会课文优美的语言表达，感受自然之美。通过反复朗读、列提纲、口头交流以及小练笔等多种方式，引导学生更加真切地认识和体会作者不同的观察方法，为接下来探索性实践活动做好充分的准备。

第三阶段：分享可爱（两课时）

链接语文园地，进行拓展性阅读，进一步体会作家不同的观察方法，体会作者如何把事物写清楚；根据口语交际"我喜欢的一种动植物"，开展"春之吉祥物"主题式探究活动，运用已学的观察与表达的方法，记录动植物的特点，分享交流如何将自己喜欢的动物或植物的样子说清楚。

设 计 意 图

这一阶段主要围绕单元学习主题，指导学生运用课文中学到的方法，开展语文实践活动：一是通过扩展阅读，继续体会作者不同的观察方法，丰富学生观察经验和语言经验的积累；二是引导学生通过对动物、植物的观察，结合口语交际活动把一种动物或植物的样子说清楚。这个阶段的学习围绕单元学习目标3设计，旨在为最后完成单元主题学习任务搭建台阶。

第四阶段：展现自然（两课时）

学生根据口语交际中观察记录的内容，依据习作《我的大自然朋友》的要求进一步修正、完善，尝试用有新鲜感的语言把观察的内容写清楚。围绕"细致的观察""清楚的表达"进行交流评改，展现大自然的美好，激发对大自然的喜爱之情。

设 计 意 图

在口语交际环节把观察到的事物说清楚的基础上，结合单元习作练习，引导学生用书面语言把观察的事物写清楚，从而完成单元习作练习，达成单元学习目标。

（二）单元学习规划

课时	学习目标	学习内容	学习活动	学习资源
第一课时	1. 能正确朗读课文，整体感知单元内容。 2. 观察字形，联结字义，培养独立理解难懂词句的能力。 3. 初步感受大自然的美好，激发对大自然的喜爱之情。	1. 单元三篇课文导读。 2. 自学三篇课文的生字新词。	1. 阅读单元导读页，明确单元主题。 2. 以小组为单位朗读课文，做到每位组员都能正确朗读。 3. 开展词语朗读、归类积累、字源探究等学习活动，分享学习收获。	教材、生字卡片、字源网
第二课时	正确、流利地朗读课文；认识作者从几个方面对燕子进行观察；尝试介绍燕子，感受作者对燕子的喜爱之情。	课文《燕子》。	1. 以小组为单位正确、流利地朗读课文，感受作者对燕子的喜爱之情。 2. 在词卡上写下燕子留给你的印象，列出观察提纲。全班交流讨论，体会课文从外形、飞行和休息的姿态等方面对燕子进行观察的用意。 3. 借助观察提纲和文中优美的语言，把燕子介绍清楚。	教材、《课堂作业本》P3-4

续表

课时	学习目标	学习内容	学习活动	学习资源
第三课时	正确、流利地朗读课文；通过比较阅读，发现《昆虫备忘录》和《燕子》不同的表达方法。	课文《昆虫备忘录》《燕子》；拓展阅读《大作家的语文课：昆虫备忘录》。	1. 正确、流利地朗读课文，了解文中四种昆虫，列出观察提纲。 2. 借助观察提纲，交流昆虫的特点，分享有趣之处。 3. 比较阅读《燕子》和《昆虫备忘录》，聚焦动物外形的描写，梳理不同的表达方法。 4. 推荐阅读《大作家的语文课：昆虫备忘录》。	教材、《课堂作业本》P7-9
第四课时	正确、流利地朗读课文；学习作者对荷花的不同姿态进行观察的方法，感受作者对荷花的喜爱之情。	课文《荷花》。	1. 正确、流利地朗读课文，圈画描写荷花外形的语句，感受作者对荷花的喜爱之情。 2. 小组合作贴图，品读"冒""饱胀"等富有动感的词语，了解作者从不同姿态对荷花进行观察的方法。 3. 借助贴图，尝试运用课文中优美的词句介绍荷花的不同姿态。	教材、《课堂作业本》P5-6

续表

课时	学习目标	学习内容	学习活动	学习资源
第五课时	仿照《荷花》的写法，写一种自己喜欢的植物，把植物的样子写清楚。	课文《荷花》。	1. 仿照《荷花》第二自然段，写一种喜欢的植物。 2. 交流评改：是否把植物的样子写清楚。	教材
第六课时	拓展阅读，继续体会作者的观察方法；观察一种自己喜欢的动物或植物，记录观察所得。	语文园地。	1. 小组学习：借助本单元课文学习时完成的观察提纲和阅读《大作家的语文课：昆虫备忘录》后完成的观察提纲，交流阅读感受，进一步体会作家细致的观察和细腻的描写方法。 2. 完成阅读摘录卡，从《我爱家乡的银梨》或《大作家的语文课：昆虫备忘录》中摘录一段优美生动的语句，写一写自己的感受。	教材、《课堂作业本》P10-12

续表

课时	学习目标	学习内容	学习活动	学习资源
第七课时	1. 借助记录卡，把自己喜欢的动物、植物说清楚，尝试运用有新鲜感的语言进行分享。 2. 能耐心倾听，不打断别人的发言。	口语交际"我喜欢的一种动物（植物)"。	1. 创设情境：请你走进大自然，选择一种你喜欢的动物或植物，观察并介绍它，参加"春之吉祥物"评选活动。 2. 课前完成记录卡，课堂上小组交流：运用记录卡，尝试用有新鲜感的语言，从几个方面交流观察到的可爱之处。 3. 播放一个小组的交流视频，明确规则：小组交流过程中要耐心倾听，不打断别人的发言，能在别人发言后发表意见。 4. 二次小组交流：介绍同一种动物或植物的同学组成新的学习小组，遵守交际规则，进一步用有新鲜感的语言交流观察所得。 5. 全班分享交流，评选"春之吉祥物"。	教材

续表

课时	学习目标	学习内容	学习活动	学习资源
第八课时	借助观察记录卡，尝试运用有新鲜感的语言，把观察到的内容写清楚，表达对大自然的喜爱之情。	1. 习作《我的大自然朋友》。 2. 语文园地中的"交流平台"。	1. 交流记录卡，体会通过看、摸、闻等方式，从不同方面观察动植物的方法。 2. 选择最想介绍的内容，现场写作。 3. 选取学生习作，联系《荷花》第二自然段，指导学生从不同角度将动植物的某一方面写清楚。学生修改习作。 4. 链接"交流平台"，体会借鉴。学生互评、再次修改习作。	教材、学生习作
第九课时	愿意把自己的大自然朋友介绍给同伴，通过互评，修改习作，展现大自然的美好。	习作《我的大自然朋友》。	1. 根据习作内容进行分组，小组内分享交流习作。 2. 根据评价要求互评习作，进一步修改习作。 3. 班级开展"走进大自然"习作交流会，展现大自然的美好。	教材、学生习作

【持续性评价】

我们尝试以真实情境下的任务驱动形式确定持续性评价目标、任务和标准，让学生体验言语活动的本质，观察其表现，以证明目标的达成程度。

序号	评价目标	评价任务	评价标准	评价方式
阶段一 走进自然	自主学习生字词语，理解意思；能够正确、流利地朗读课文，激发观察大自然的兴趣。	1. 借助拼音读准三篇课文中的生字字音。 2. 对同偏旁的字进行归类积累。 3. 在三篇课文中任选一篇课文，能正确流利地朗读课文。	1. 能正确、熟练认读课后生字条里的生字，识读正确率不低于90%。 2. 能根据偏旁猜测字的意思，归类积累不少于两组字。 3. 熟读课文，做到正确流利。	课堂观察、小组互评
阶段二 记录美好	学习作者观察动植物时的不同方法和语言表达，感受自然之美。	1. 正确分类词卡，了解观察燕子的不同角度，列出观察提纲。 2. 摘录优美生动的短语，进一步完成观察提纲，小组内介绍燕子。	1. 能从外形、飞行和休息的姿态等方面对词卡进行分类。 2. 能摘录优美生动的短语，借助提纲，把燕子介绍清楚。	课堂观察、师生共评、小组互评
		1. 抓住昆虫特点，列出昆虫观察提纲。 2. 在比较阅读中发现作者不同的表达方法。	1. 能借助观察提纲，交流昆虫的特点，分享有趣之处。 2. 能比较阅读《燕子》和《昆虫备忘录》，交流描写动物外形的不同方法。	课堂观察、师生共评、同桌互评、小组互评、提问
		1. 了解三种不同姿态的荷花。 2. 通过贴图、品读词语，感受荷花的鲜活。 3. 用富有动感的词语介绍荷花的姿态。	1. 能找出课文中描写荷花半开、全开、结花骨朵三种不同姿态的语句。 2. 能据文贴图，通过品读富有动感的词语，感受荷花的鲜活姿态。 3. 能借助贴图，用富有动感的词语介绍荷花。	课堂观察、师生共评、小组互评

续表

序号	评价目标	评价任务	评价标准	评价方式
阶段二 记录美好	学习作者观察动植物时的不同方法和语言表达，感受自然之美。	模仿《荷花》第二自然段的观察和表达方法，写一种喜欢的植物。	1. 能写出植物不同的姿态。 2. 能运用富有动感的词语表现植物的鲜活。	课堂观察、师生共评
阶段三 分享可爱	运用学到的观察方法，观察一种自己喜欢的动物或植物，试着与同伴交流分享。	开展主题式探究活动： 1. 扩展阅读，继续体会作者的观察方法。 2. 摘录优美生动的语句。	1. 能通过课外阅读，借助观察提纲，交流阅读感受。 2. 能完成阅读摘录卡，摘录优美生动的语句，能写下自己的感受。	课堂观察、师生共评、小组互评
		1. 尝试运用学习的方法观察一种自己喜欢的动物或植物，做好观察记录。 2. 把观察的事物说清楚，运用有新鲜感的语言。 3. 在口语交际中耐心倾听别人发言。	1. 能耐心倾听，不打断。 2. 能有序介绍，说清楚。 3. 能运用有新鲜感的语言，乐于交流。	课堂观察、课外探究活动评价单、师生共评、小组互评
阶段四 展现自然	聚焦一种动物或植物，尝试把观察的内容写清楚，表达对大自然的喜爱之情。	1. 课前观察自己喜欢的事物，完成记录卡。 2. 把观察到的内容写清楚，完成习作《我的大自然朋友》。尝试运用有新鲜感的语言展现大自然的美好。 3. 通过互评习作，修改习作中的不足之处。	1. 能把观察到的事物写清楚。 2. 能运用有新鲜感的语言。 3. 能互相评改习作并交流。	课堂观察、学生习作评价单、师生共评、小组互评

设 计 意 图

围绕单元学习主题，分四步开展持续性评价：第一步，检验学生是否完成本单元课文最基本的学习任务，包括生字词语的学习，能够正确、流利朗读课文；第二步，评价学生通过单元课文阅读，是否认识到作者观察动植物时不同的方法；第三步，评价学生能否主动参与探究式的学习活动，运用学过的观察方法在生活中进行观察，评价重点是在同伴交流中把观察到的事物说清楚；第四步，重点评价学生习作《我的大自然朋友》。持续性评价过程中，注意激发学生观察大自然的兴趣，感受大自然的美好。

【教师反思】

（一）学习目标的达成度

整个单元，学生与自然界的生灵共舞，学生融入其中，发现美好，然后以单元习作任务《我的大自然朋友》为载体，检验学习目标的达成度。经过测试，本单元整体目标的达成度比较高，89.4%的学生能够借助观察记录卡从几个方面将"大自然朋友"的特点介绍清楚。通过勾连课文、链接语文园地、交流评改，73.8%的学生能够从不同角度介绍事物的某一特点，并尝试运用有新鲜感的语言将观察到的内容写清楚，和大自然的生灵成为朋友，表达对其的喜爱之情。

（二）教学设计的落实度

1. 借助支架，分步突破"将观察到的内容写清楚"的教学重点、难点。

本单元的习作要求是"试着运用有新鲜感的语言将观察到的内容写清楚"。这一要求在教学设计中是分步落实的。第一步，借助记录卡；第二步，勾连课文《荷花》第二自然段；第三步，链接语文园地中的"交流平台"。学生沉浸在"观察—感受—表达"的语文学习场景中，心中的花卉草木、一鸟一虫逐渐超脱色彩、气味的常态，升华为可触可感、心灵相通的"大自然朋友"。

2. 凸显主体，深度经历"体验"到"运用"的学习过程。

在本单元学习活动中，教师始终关注让每一个学生都参与学习，进行体验性学习，使教学过程成为学生自己操练方法、发展思维、形成能力的学习过程。例如，学生初步落实"借助观察实现文字图式化"后，到了习作环节，将"大自然的美好"这一抽象标题转化为具体的文字描写，不仅是对之前学习的检验，也是已有知识、习得经验的外显化、操作化过程，还是学生自主学习的成果体现。

3. 通过持续性评价中的反思精进，优化深度学习教学设计。

借助科学的评价工具，让学生能够比较充分地表现出已经具备的核心素养。评价不仅形式上丰富有趣，评价的内容更要细致、有层次，并贯串方法的指导。比如习作课中，在小组内交流习作时，一名学生读，其他学生圈画出有新鲜感的语句，然后说说最喜欢的大自然朋友，为什么喜欢；在全班交流时，关注有没有把观察到的内容写清楚，这是本次习作的重点。通过习作评价，学生发现了自己没有观察到的内容，赏析不同语言呈现的表达效果，互相启发、互相学习，让课后的修改更有效。

（三）教学改进的适切度

针对单元整体设计，围绕学习目标、学习过程和持续性评价各个环节的改进，需要进一步把握好以下几种关系：

1. 坚持语文要素与人文主题双线并进。

2. 坚持学生与教师共同发展。

3. 营造轻负高质绿色教学生态，运用评价改进教学行为。

"在观察中发现大自然的可爱" 第八课时教学流程

学习目标	聚焦一种动（植）物，借助观察记录卡，尝试运用有新鲜感的语言，把观察到的内容写清楚，表达对大自然的喜爱之情。 互评、修改习作，分享大自然的美好，感受细心观察的好处。
课前准备	以课文为例，为自己的"大自然朋友"制作一张观察记录卡。有条件的可以将"大自然朋友"带到课堂。

教学环节	学习活动	评价要点
环节 1： 观察朋友	1. 任务驱动，发布学习内容。本次习作内容为介绍一位"大自然朋友"。 2. 交流观察记录卡，体会通过看、摸、闻等方式进行观察；抓住动植物的特点，通过查看图片、现场观察等形式有重点地、细致地观察。	1. 交流观察记录卡的内容，习得观察时可以从多个方面进行观察和记录，也可以根据自己的喜好、动植物的特点，选取某个方面进行重点观察，还可以通过查找资料了解植物更多的特点。 2. 根据表达需要，再次观察。
环节 2： 介绍朋友	1. 选择最想介绍的内容，现场写作。选取两份学生习作，通过片段比对，学习从几个方面，如外形、颜色等有条理地进行介绍。 2. 回顾《荷花》课文第二自然段，学习从不同角度将动植物某一方面写清楚。修改习作。 3. 第一次修改、反馈。	1. 将观察记录卡中同一类观察内容写在一起，从几个方面有条理地介绍，把观察到的内容写清楚。不同内容之间用上适当的连接语，让表达更通顺。 2. 学习从不同角度将所选动物的一个方面介绍清楚。 3. 修改习作中的明显错误。

教学环节	学习活动	评价要点
环节3： 走近朋友	1. 链接语文园地中的"交流平台"，体会运用有新鲜感的、生动优美的语言把观察到的细节写清楚。 |交流平台| 　　课文中有许多优美生动的语句，我们要细细品味。 小燕子的翼尖或剪尾，偶尔沾了一下水面，那小圆晕便一圈一圈地荡漾开去。 读到这句话，我能体会到小燕子飞行的轻盈。 作者的感受真独特，把花骨朵儿的状态写活了。 有的还是花骨朵儿，看起来饱胀得马上要破裂似的。 瓢虫款款地落下来了，折好它的黑绸衬裙——膜翅，顺顺溜溜；收拢硬翅，严丝合缝。 这些细致的动作描写，让小瓢虫仿佛出现在了我的眼前。 2. 细致观察实物、图片，借助搜集的资料，尝试第二次修改习作，加入有新鲜感的语言，将动植物的特点写清楚，表达对大自然生灵的喜爱之情。	1. 通过对"交流平台"内容的梳理，体会有新鲜感的、优美生动的语言在表达事物特点时的点睛作用。 2. 二次修改习作。用有新鲜感的语言替代平淡的描写，尝试让文字充满画面感，表达对大自然生灵的喜爱之情。
环节4： 分享美好	1. 根据观察记录卡中的观察对象，将全班学生分成几个小组，每个小组4—6人。小组合作： （1）每名学生在小组中朗读自己的习作，其他组员评分。 （2）选出组内的优秀习作，对组员的习作提出自己的修改建议。 （3）对比写同一类事物的习作，发现表达上的异同，互相启发，学习用有新鲜感的语言将动植物的特点写清楚。 2. 班级开展"走进大自然"习作交流会，用文字展现大自然的美，感受语言文字的魅力。 3. 借助板书，回顾本单元学习要点。	评价目标：把观察到的内容写清楚。 评价要求： 1. 能多角度进行描写，写得有条理。 2. 能用有新鲜感的语言进行描写，写清楚。 3. 能互相评改并交流，有改进。

案 例 三

彩笔绘生活，写清一件事
（四年级）

▶案例名片

授课年级：四年级第一学期

单元总课时：八课时

设计者：景洪春、解菊香①

执教者：景洪春

【单元学习主题】

（一）主题名称

彩笔绘生活，写清一件事

（二）主题解读

统编教材四年级上册第五单元是习作单元，"彩笔绘生活，写清一件事"这一学习主题有利于提升学生的语文核心素养。对四年级学生而言，观察和体验生活，从中发现和积累记录生活事件的素材，按一定的顺序写清生活事件，有助于其个体语言的建构与运用。在引导学生写清生活事件的过程中，给予学生分析素材、比较写法、提炼习作策略、反思习作过程、评价习作学习成效的实践机会，有助于促进学生思维的发展与提升。同样，对单元主题"彩笔绘生活，写清一件事"

---

① 景洪春，上海市闵行区教育学院教师；解菊香，上海市闵行区浦江第三小学教师。

的学习，还有利于学生深入阅读文质兼美的优秀作品，接受文化熏陶，获得审美体验，并感受生活的多样与美好。

从《语文课程标准》来看，这个单元的教学重点是"按一定顺序把事情写清楚"。如何观察生活，把印象深刻的一件事写清楚，叶圣陶先生认为，"写作的历练在乎多作，应用从阅读得到的写作知识，认真地作。写作，和阅读比较起来，尤其偏于技术方面。凡是技术，没有不需要反复历练的"。所以，这一主题既包含习作方法的学习，其本身也是习作实践的目标，有助于实现《语文课程标准》第二学段的要求。

从教材来看，本单元是习作单元，由《麻雀》《爬天都峰》两篇精读课文和《我家的杏熟了》《小木船》两篇习作例文，以及习作《生活万花筒》组成。"彩笔绘生活，写清一件事"这个主题综合了本单元的人文主题和语文要素，偏重习作指导，与习作单元目标保持一致。第一，"彩笔"一词提示了学生的生活是多彩的，观察生活的视角是丰富的。"彩笔绘生活"，要求学生用丰富的素材来展现对生活的体验，以及对生活的热爱。第二，要求按事情发展的顺序写事，可以把看到的、听到的、想到的写下来，把事情发展过程中的重要内容写清楚。

从学情来看，"写一件事"对学生来说并不陌生，学生读过不少写事类文章，写过写事类文章，也做过要求"按一定顺序写""写清楚"的相关练笔。（见下图）

分析以上各次相关习作练习，可以发现"按一定顺序把事情写清楚"的具体指标在逐步渗透：一是"写完整"，二是"写清楚"。学生在三年级学习了"把故事写完整""把事情经过相对完整地写下来"，因此，"写清楚"首先要"写完整"。从三年级下册开始，教材聚焦"写清楚"，循序渐进地引导学生从"图画内容"到"过节过程"，再到"实验过程"，逐一训练。三年级和四年级上册的习作练习是对写一件事的相关要点的阶段性小练笔，是对"写完整""写清楚"等方法的认知与理解；而本次习作则是对写事类习作综合性指导的落实，是

■ 三年级和四年级上册与"把一件事写清楚"相关的习作练习一览表

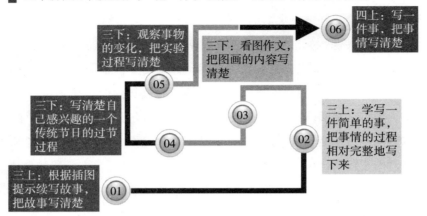

对"写完整""写清楚"等方法的领会与运用，这个单元主题对四年级学生来说是适合的。

设 计 意 图

依据语文核心素养的发展要求、《语文课程标准》中"表达与交流"第二学段的学段要求、四年级上册教科书习作单元编排特点以及学生习作能力的学情分析确定四年级上册第五单元的学习主题是"彩笔绘生活，写清一件事"。这样的主题统摄整个单元的结构化学习，凸显真实问题情境，涵盖具有挑战性的单元大任务，有利于学生能力的发展进阶以及情感、态度、价值观的引导、浸润。

【单元学习目标】

（一）学习目标分析

叶圣陶先生指出，语体文的最高境界就是写文章同说话一样，写在纸上的一句句的文章，念起来就是口头的一句句的语言，叫人家念了、听了，不但完全明白文章的意思，还能够领会那种声调和神气，仿佛当面听那作文的人亲口说话一般。黄遵宪在《杂感》一诗中说：

"我手写我口。"这句话既是习作态度的要求，又指向习作范围。它提示学生，只有表达自己的真实感受，描绘自己真实的生活，才能打动读者，感染别人。这一要求激发学生对生活的热爱，培养学生形成对生活的正确价值观和认识，这是符合语文核心素养中文化自信的内涵要求的。

《语文课程标准》在总目标中提出"能根据需要，用书面语言具体明确、文从字顺地表达自己的见闻、体验和想法"。在第二学段"阅读与鉴赏"的学段要求第三条指出："能初步把握文章的主要内容，体会文章表达的思想感情。"在第二学段"表达与交流"学段要求中指出："观察周围世界，能不拘形式地写下自己的见闻、感受和想象，注意把自己觉得新奇有趣或印象最深、最受感动的内容写清楚。"本单元主题"彩笔绘生活，写清一件事"对应了《语文课程标准》第二学段"表达与交流"的学段要求，引导学生在习作中按一定顺序，把一件事写清楚。

在统编语文教材中，习作单元自成体系，包括导语、精读课文、"交流平台"、"初试身手"、习作例文和习作。单元导语直接揭示了目标要求，即本单元的"教"点是什么，主要解决三个问题：（1）什么是"彩笔绘生活"？（2）什么是"写清楚"？（3）怎样"写清楚"？这三个问题归根结底是一个问题：怎样写清楚生活中的一件事。前两个问题要在精读课文和习作例文中解决，即"了解作者是怎样把事情写清楚的"，第三个问题要在前两个问题的解决过程中积累、习得，也包括教师必要的讲解和分析，并且在最后的习作《生活万花筒》中得到检验。当然，教材安排的"初试身手"学习活动中设计的若干次片段训练，循序渐进地为学生提供了动笔实践的机会。

四年级学生基本能读懂课文，能理解课文的主要内容，初步体会课文的思想感情，有一定的阅读能力。当然，学生在写一件事的过程中，还存在以下问题：不能完全把事情经过写清楚；不清楚哪个部分需要重点写；不能根据表达需要，选用合适的方法等。因此，应该重点引导学生关注精读课文中的表达方法，领会课文是如何清楚交代事情的起因、经过、结果，把事情发展过程中的重要内容写清楚的。本单元应鼓励学生在习作时有意识地迁移运用，这样的目标定位，才更有利于提高学生的人文素养，特别是对学习语言运用更有价值。

（二）单元学习目标

1. 通过课前自主识字、课上随文识字，能正确认读 12 个生字，根据语境能读准 1 个多音字，会正确默写 21 个字和 31 个词语。

2. 观看学校和家庭生活视频，感受生活的丰富多彩，感受爱与成长，激发起习作兴趣，调动素材储备，体会记录与分享生活的快乐。初步形成读者（观众）意识。

3. 通过学习《麻雀》《爬天都峰》，知道什么是把一件事写清楚，知道写一件事的基本顺序。能发挥想象、有顺序地把"初试身手"里的图片内容说清楚，能把做家务的过程写清楚。

4. 观察周围世界，选择一件印象深刻的事，把事情的起因、经过、结果写清楚，借助习作例文的学习，把经过部分的重要情节写清楚。

5. 尝试运用评价工具对是否写清楚一件事做出反思与评价，修改完善后，分享自己的习作。

【单元学习活动】

（一）设计思路

围绕单元主题，依据习作单元的功能和教材编排要求，我们将本单元学习活动设计成一个真实情境的习作任务——"写一篇作文，争取被校园电视台《生活万花筒》摄制组选中，并帮助摄制组更清晰、更快速地拍摄视频，给观众留下深刻印象"，以此检验单元学习目标是否达成。本单元安排四个学习活动，八课时。

学习活动一:《生活万花筒》,我要写（一课时）

主要任务设置:

1. 创设情境,激发写作兴趣。

2. 引导观察生活,思考并记录习作素材。

3. 动笔"初试身手"（写做家务的过程）。

4. 明确评价任务,知道本单元学习任务主要是写一篇习作,各项内容都围绕习作编排,环环相扣。

设 计 意 图

学习活动一的设计指向单元学习目标 2 的达成,也为单元学习目标 4 做习作素材的积累。教师用一个基于真实情境的习作任务做驱动,有助于学生明确单元大任务,全身心积极参与学习活动,发展语文核心素养。不仅习作任务基于真实生活,而且引导学生观看的微视频也来自真实生活,这样能有效激发学生情感的共鸣,帮助学生打开记忆大门,搜索记录素材。"初试身手"写做家务的过程,这项任务的设计能够让学生在后续的学习中发现问题并进行修改完善。

学习活动二:写清事情片段,我试试（两课时）

主要任务设置:

1. 朗读《麻雀》和《爬天都峰》,检查生字、词语的朗读是否正确,大体了解两篇课文分别写了一件什么事。

2. 借助预习单,随文理解"拯救""嘶哑""发颤"等词语的意思,并体会老麻雀的无畏和"我"起初不敢爬山的心情。

3. 对比学习《麻雀》和《爬天都峰》,发现课文是怎样把事情的起因、经过、结果写清楚的,是怎样把经过部分的重要情节写清楚的,即把事情的经过写清楚,不遗漏事情经过的重要情节,把重要情节写清楚,并与"交流平台"对照理解。

4. 对照课文,修改、补充、调整习作"初胚"（做家务的过程）,进一步把片段写清楚。

设 计 意 图

在学习活动二中，学生完成了随文识字和写字任务，达成单元学习目标1。对比学习《麻雀》和《爬天都峰》，学生知道了写事情要按照一定的顺序，明白怎么把一件事的重要过程写清楚，结合"交流平台"，对写清楚一件事的方法做了清晰梳理。在此基础上，学生修改学习活动一完成的"做家务"片段作文，并且通过精读课文的学习，能够发现自己的习作存在的问题，还"有法可依"地做针对性的修改，能够有效达成单元学习目标3。

学习活动三：印象深的地方，我会重点写（三课时）

主要任务设置：

1. 设置情境任务，发挥想象把图片内容说清楚。

2. 调整、补充、筛选习作素材，体现"万花筒"之意。

3. 当堂完成习作初稿。比较两篇习作例文的异同，发现并汲取作者"把重点情节写清楚"的表达经验，并对照习作例文及批注进行修改。

设 计 意 图

学习活动三主要围绕单元学习目标4设计。发挥想象把图片内容说清楚，这是在复习运用前面习得的"写清楚一件事"的方法，调整筛选积累的习作素材以保证选材的新颖恰当，这样就将富有挑战性的单元习作任务与已有的经验建立起关联，能够迁移运用知识、能力进行综合性的语言实践。根据学情，教师发现问题，拿出新的教学资源，即比较两篇习作例文的异同，让学生汲取作者"把重点情节写清楚"的表达经验，并对照修改，从而提升学生的习作水平。

学习活动四：写好的文章，我爱分享（两课时）

主要任务设置：

1. 对照评价表，小组内交流展示。

2. 创设情境，向校园电视台摄制组介绍自己的习作，再次修改自己的习作。

3. 推选代表全班交流展示。

4. 根据同学建议，对照评价表，第三次修改自己的习作。

5. 认真誊写习作。

6. 小组合作，认真美化习作，并将写好的习作张贴在班级板报上。

设 计 意 图

学习活动四运用评价表，根据拍摄任务的真实需求，引导学生对自己的习作进行反思和修改，使学生能够基于真实情境下的读者（观众）意识优化自己的习作。学生在班级里积极交流展示修改后的习作，获得观众点赞，能有效完成单元学习大任务，从而达成了本单元学习目标5。

（二）单元学习规划

课时	学习目标	学习内容	学习活动	学习资源
第一课时	1. 感受生活的丰富多彩，感受爱与成长，体会记录与分享生活的快乐。 2. 乐于与同学、老师分享自己印象最深的事情。 3. 初步形成读者（观众）意识，将真实问题化为习作任务进行练习。 4. 尝试用上表示动作的动词，把做家务的过程写清楚。	1. 了解本单元习作的任务与要求。 2. 准备习作素材。 3. 初试身手（写做家务的过程）。	1. 了解校园电视台录制《生活万花筒》节目的相关要求，激发写作兴趣。 2. 观看有关学校生活、家庭生活的微视频，思考并记录习作素材。 3. 借助素材单，写3—5条素材，挑选最想写的一个素材分享。 4. 动笔"初试身手"（写做家务的过程）。	微视频、素材单

续表

课时	学习目标	学习内容	学习活动	学习资源
第二课时	1. 认识 6 个生字，会写 13 个字，会写 17 个词语。 2. 正确朗读《麻雀》，大体了解课文写了一件什么事。 3. 知道什么是把一件事写清楚，知道写一件事的基本顺序。	1. 学习《麻雀》一课的生字、词语，重点为"拯救""嘶哑"。 2. 理清《麻雀》的写作顺序。 3. 讲清楚《麻雀》第四至六自然段。	1. 朗读全文，整体感知，借助人物与情节关系图，理清老麻雀、小麻雀、猎狗之间发生的事，说清《麻雀》的大体内容。 2. 聚焦关键词句并将其归类，体会作者是怎样把重要部分写清楚的，感受老麻雀的无畏。 3. 借助板书，讲清楚第四至六自然段。	PPT 课件、课后练习
第三课时	1. 认识 6 个生字，会写 8 个字，会写 14 个词语。 2. 知道要按一定顺序写事，抓住怎么想、怎么说、怎么做，把事情发展过程中的重要内容写清楚。 3. 知道按时间顺序写事的方法，把经过部分的重要情节写清楚。	1.《爬天都峰》生字、词语，重点为"发颤"。 2.《爬天都峰》的写作顺序。 3. 比较《麻雀》《爬天都峰》在写清楚一件事方面的异同。	1. 借助学习提示，对比学习《麻雀》和《爬天都峰》，借助表格，理清《爬天都峰》的写作顺序。 2. 填写表格，梳理两篇精读课文在"写清楚一件事"方面的异同，分享交流表格，并与"交流平台"对照理解。 3. 对照两篇课文，修改、补充、调整习作"初胚"（做家务的过程），进一步把片段写清楚。	PPT 课件

续表

课时	学习目标	学习内容	学习活动	学习资源
第四课时	1. 能结合自己的阅读体验，梳理、总结把事情写清楚的方法。 2. 能发挥想象把图片内容讲清楚。 3. 能认真听他人讲述图片内容，能对自己和他人的讲述做适当的评价。	1. 结合自己的阅读体验，梳理、总结出把事情写清楚的方法。 2. "初试身手"，试着讲述图片一和学生自带的图片的内容。 3. 同学讲述图片的内容。	1. 按一定顺序，练习把图片内容讲清楚。 2. 倾听他人讲述图片内容。 3. 根据量表评价自己、他人的讲述。	由学生用单幅图记录的有意思的生活瞬间、由教师收集的不同场景下的学生画作制成的PPT课件
第五课时	1. 能用上表示动作的词语，把做家务的过程写清楚。 2. 能对自己和他人的习作片段做出评价。	1. 教师的下水文片段。 2. 自己或他人写的存在问题的习作片段。 3. 自己或同学修改后的习作片段。	1. 与同学分享做家务的视频。 2. 借助评价表，小组合作修改未写清楚的问题习作片段（时间没写清楚、重要情节有遗漏、未按顺序写等）。 3. 分享教师的下水文片段。 4. 第二次修改自己的习作片段（初胚）。	学生做家务的视频、教师的下水文片段、PPT课件
第六课时	1. 能选择印象深刻的一件事来写。 2. 能运用"怎么想+怎么说+怎么做""看到的+听到的+想到的"等方法，把事情发展过程中的重要内容写清楚。 3. 能按照一定的顺序把一件事写清楚。	1. 自己和同学写的素材。 2. 两篇习作例文的写作顺序和重要内容。 3. 教材罗列的八个作文题和教师事先准备的若干有意思的作文题，打开学生的写作思路。	1. 修改并补充素材。 2. 小组推荐有希望被校园电视台选中的素材，全班交流。 3. 借助教材提供的表格，在小组交流写作顺序及重要内容。	PPT课件、教材提供的八个作文题目、教师事先准备的若干有意思的作文题目

续表

课时	学习目标	学习内容	学习活动	学习资源
第六课时			4. 当堂完成习作草稿。 5. 发现并汲取习作例文"不遗漏重要情节""把经过部分写清楚"的表达经验，并对照习作例文及批注进行修改。	
第七课时	1. 初步明白根据文章的需要，决定文章的重点内容。根据写作需要，能运用"怎么想＋怎么说＋怎么做""看到的＋听到的＋想到的"等方法，把经过部分的重要情节写清楚。 2. 在交流展示中，体验把事情写清楚所带来的成功表达的乐趣。 3. 尝试运用评价工具，对是否写清楚一件事做出反思与评价。	1.《小木船》的重点部分"我和陈明友谊破裂的过程"。 2.《我家的杏熟了》的重点部分"奶奶打杏、分杏的过程"。	1. 对照评价表，小组交流展示。 2. "如果你的作品被电视台选上，如何帮助摄制组更清晰、更快速地拍摄《生活万花筒》视频"，请向电视台介绍拍摄视频的步骤，在介绍中进一步发现文章写得不够清楚的地方，再次修改。 3. 学习教材提供的八个作文题目，交流、欣赏同学的精彩作文题目，尝试修改自己的作文题目。 4. 借助评价表修改习作。	学生的习作题目及部分片段、PPT课件、评价表

续表

课时	学习目标	学习内容	学习活动	学习资源
第八课时	1. 能对自己和他人所写的习作做出评价。 2. 能根据情境任务和他人的评价，修改自己的习作。 3. 能认真誊写习作，字迹端正。	1. 教师的下水文。 2. 两篇习作例文。	1. 为校园电视台《生活万花筒》栏目推荐作品，并说说推荐理由。 2. 对照两篇习作例文，借助评价表，第三次修改，争取让观众点赞。 3. 认真誊写自己的习作。	PPT 课件

【持续性评价】

本单元的持续性评价从写作动机、写作任务、写作对象、写作个性及写作行为等角度制定评价目标，在写作任务情境中确定评价内容。

具体的评价工具设计侧重于学习活动三、活动四的评价，以写作过程中的表现性评价为主。评价工具参考了美国"6+1 要素"作文评价量表，结合《语文课程标准》及教科书写作要求编制而成。

序号	评价目标	评价任务	评价标准	评价方式
学习活动一	借助写作任务情境，知道本次的读者对象是电视机前的观众，写作任务是完成一篇习作。	在任务情境中，明确本次的写作对象和写作任务。	4分：明确自己的身份（同学）和读者对象（电视机前的观众），乐于到习作的任务情境中去。 3分：明确自己的身份（同学），基本清楚读者对象，较乐意参与到习作的任务情境中去。 2分：明确自己的身份（同学），读者对象不太明确，较少参与到习作的任务情境中去。 1分：不明确任务对象，无读者意识，不愿意参与到习作的任务情境中去。	师生对话，学生小组讨论、汇报交流
学习活动二	1. 能发现作者按一定顺序把事情写清楚的方法。 2. 能对自己与同伴的分享做出评价。	1. 基于课文学习，借助学习提示，发现课文是怎样把事情发展过程中的重要内容写清楚的。 2. 借助"交流平台"，完成学习任务单，发现是按事情的起因、经过和结果顺序来写的。 3. 能根据画作，对自己和同伴的习作片段做出评价。	4分：能按一定顺序，把课文内容和图片内容讲清楚，习作片段选用了相关的故事情节、语句，能解释课文的顺序，结构清楚，能打动读者。 3分：能按一定顺序，把课文内容和图片内容讲得较清楚，习作片段选用了部分相关的故事情节、语句，基本能解释课文的顺序、结构，表述较清楚。 2分：把课文内容和图片内容讲述出来，但缺少一定的顺序，内容听起来不清楚，习作片段试图选用相关的故事情节、语句，尝试找出事情发现的顺序，	师生对话，学生小组讨论、汇报交流

序号	评价目标	评价任务	评价标准	评价方式
学习活动二			列举的情节、语句是随机的、不完整的或不相关的。 1分：对选用相关的故事情节、语句不理解。	
学习活动三	能运用"怎么想+怎么说+怎么做""看到的+听到的+想到的"等方法，把事情发展过程中的重要内容写清楚。	1. 借助习作例文和教材中八个作文题目，修改并补充素材（亲身经历、亲眼看到、听说的），为入选校园电视台《生活万花筒》栏目做准备。 2. 发现并运用习作例文"把重点部分写清楚"的表达经验，修改初稿。	4分：习作来源于自己的体验或知识，叙事要素完整，所描写的事例与习作表达的中心或情感具有一致性。 3分：习作来源于自己的体验或知识，叙事要素相对完整，但描写的事例比较简单，在一定程度上影响了习作的中心或情感的表达。 2分：习作来源于自己的体验或知识，但叙事要素有缺漏，事例不清楚，与习作所表达的情感脱节。 1分：习作未能表达出真情实感和写作目的，习作的观点只是在简单地重复题目，不注意事例选择。	师生交流、在学生习作过程中观察

续表

序号	评价目标	评价任务	评价标准	评价方式
学习活动四	写作态度和习惯。	1. 尝试通过观察、调查、访谈、阅读等多种途径，运用多种方法搜集材料，大胆选择习作材料。 2. 借助提示，说出事情发生的起因、经过和结果。 写作中： 习作能在一定的时间内完成，有一定的速度。 写作后： 1. 写完后，读给同学听，请同学说说这件事是否写清楚了。 2. 参考同学的建议修改。	4分：对本次习作很有兴趣，能在一定时间内完成一篇完整习作，习作段落划分合理，组织流畅连贯，有助于展现主题或中心意思；能按一定顺序把事情写清楚，习作能打动读者。 3分：对本次习作有兴趣，能在一定时间内完成一篇习作，能按一定顺序把事情写清楚，可以使读者轻松地、有条理地流畅阅读。 2分：在超出规定时间的情况下完成一篇习作，习作有一定的组织，但较为模糊，有方向、顺序、思路，但并不清楚；有些段落读起来能让读者理解事情的内容，但顺序、结构不够清楚。 1分：习作没有清晰的组织，缺少顺序，事情的情节随意堆砌，没有清晰的结构。	学生小组讨论、汇报交流

设 计 意 图

此持续性评价方案贯串于整个单元学习的始终，能够有效促进单元学习目标的达成。围绕评价目标制定的评价任务准确、评价标准明晰、评价方式多元，有助于学生理解、操作、反思，增强了学习的主动性。教师据此评价学生的思维发展、能力水平、学习态度和习惯，能够有效帮助学生进行学习改进，促进其语文核心素养的提升。

【教师反思】

本单元的学习重点是指导学生"把一件事情写清楚"，教学中，不能拔高要求或降低要求。试教后教师意识到，在写作过程中，学生要明确写作对象，将落脚点放在让读者看明白上。写清楚就是要让别人能读懂，就是要把任务情境中的拍摄步骤讲清楚，把拍摄步骤讲清楚了，经过部分的关键情节也就写清楚了。

学生写不清楚的具体表现大致为：任务情境交代不清；关键情节跳跃，句与句之间衔接不好，语句不通；写作无对象感；基本的写作要求（标点、段落、字词）等不规范。在指导过程中，教师将学生的各类习作问题片段进行分类，请小组同学交流哪些地方不清楚，并请文章作者逐一解答，从而在二次修改、三次修改中逐步达成"将经过部分的关键情节写清楚"的目标。习作讲评聚焦了，习作实践跟上了，就能促进学生深度思考与改进。

"彩笔绘生活，写清一件事" 第七课时教学流程

学习目标	1. 初步明白根据文章的需要，决定文章的重点内容。根据写作需要，能运用"怎么想+怎么说+怎么做""看到的+听到的+想到的"等方法，把经过部分的重要情节写清楚。 2. 在交流展示中，体验把事情写清楚所带来的成功表达的乐趣。 3. 尝试运用评价工具，对是否写清楚一件事做出反思与评价。

教学环节	学习活动	评价要点
环节 1：借助评价表，小组交流	1. 出示评价表：把经过部分的重要情节写清楚。 2. 分享学生的习作题目与片段（未写清楚的片段）。 3. 小组交流。	评价要关注学生写作的片段所选用的相关情节、语句是否能解释写作顺序，结构是否清楚。

续表

教学环节	学习活动	评价要点
环节 2：回顾例文，汲取"把经过部分的重要情节写清楚"的经验	呈现《小木船》的重点部分"我"和陈明友谊破裂的过程，《我家的杏熟了》的重点部分奶奶打杏、分杏的过程。学生交流哪部分重点写。	观察学生是否知道哪部分要重点写。
环节 3：创设交际任务情境，二次修改	1. 创设任务情境：如果你的作品被电视台选上，你想帮助摄制组更清晰、更快速地拍摄《生活万花筒》视频，请向电视台介绍拍摄视频的步骤。 2. 向摄制组介绍拍摄视频的步骤，发现习作问题。 3. 发现文章写得不够清楚的地方，第二次修改。	1. 别人能读懂这件事。 2. 习作叙事要素完整。
环节 4：欣赏精彩的题目，修改习作题目	1. 出示教材提供的八个作文题目和同学的若干有意思的作文题目。 2. 交流、欣赏精彩的作文题目。 3. 尝试修改作文题目。	1. 能吸引读者，激发读者的阅读兴趣。 2. 能体现文章要表达的中心。
环节 5：总结提升，布置任务	1. 交流实践收获。 2. 综合想法，布置任务。	要能感受到写清楚带来的成功喜悦。

案 例 四

舐犊之情，在场景、细节描写中流淌

（五年级）

▶**案例名片**

授课年级：五年级第一学期

单元总课时：八课时

设计者：王明霞、王欣、王芸、刘柯、何蕊①

执教者：何蕊

【单元学习主题】

（一）主题名称

舐犊之情，在场景、细节描写中流淌

（二）主题解读

这个单元学习主题是综合五年级上册第六单元人文主题和语文要素提炼概括的。从思想情感教育方面看，一是引导学生体会父母的爱，激发学生对父母的感恩之情；二是通过深入观察，提高学生对社会生活的敏感度和观察能力，并且帮助学生树立正确的人生观和价值观。从语言运用方面看，一方面认识场景描写和细节描写，丰富学生的写作知识；另一方面通过动笔实践，尝试运用学到的描写方法表达自己的思想情感。

———————————

① 王明霞、王欣、王芸、刘柯、何蕊均为郑州大学实验小学教师。

　　《语文课程标准》第三学段"阅读与鉴赏"学段要求中指出："体会作者的思想感情，初步领悟文章的基本表达方法"；"阅读叙事性作品，了解事件梗概，能简单描述印象最深的场景、人物、细节，说出自己的喜爱、憎恶、崇敬、向往、同情等感受"。"表达与交流"学段要求中提出能写简单的记实作文，"内容具体，感情真实"。"舐犊之情，在场景、细节描写中流淌"这一单元学习主题既对应了阅读目标，引导学生阅读叙事性文章时抓住相关描写，体会文章思想感情，又对应了习作目标，使学生明确了如何在习作中更好地运用场景和细节描写，表达思想情感。需要注意的是，"尝试运用场景、细节描写表达自己的思想情感"这一教学目标，是引领、鼓励学生在习作时尝试运用，不应作为评价学生习作质量的指标。

　　本单元安排了三篇课文《慈母情深》《父爱之舟》《"精彩极了"和"糟糕透了"》，通过三个感人的故事，从不同角度表现父母对孩子的爱，人文主题"舐犊之情"体现得非常鲜明。教材提出两个语文要素，侧重于阅读方法的是"体会作者描写的场景、细节中蕴含的感情"，侧重于习作方法的是"用恰当的语言表达自己的看法和感受"。仔细研究这两个语文要素可以发现，单元的阅读要素与习作要素较难形成关联。为此，我们根据确定的单元学习主题，将本单元习作目标修改为"恰当运用场景、细节描写表达自己的真情实感"。这样调整能使单元人文主题与读写目标保持一致，更有利于突出重点，充分发挥教材的学习价值。

　　五年级学生有一定的阅读能力，能基本读懂课文，理解课文的主要内容，初步体会课文的思想感情，但对于语文要素中提出的"通过场景描写、细节描写表达人物思想情感"，多数学生没有经验，有一定的学习难度。特别是对"通过具体事例中的细节描写表情达意"，以及"通过场景体会情感"较为陌生，学习的难度更大。而认识写作方法的价值是能够运用，只有会运用了，才是真正掌握了。因此，阅读教学的重点应该从四年级的"读懂课文思想内容"，进一步深入到"认识、体会思想感情是如何表达的"，也就是透过文章的表达方法进一步加深理解作者表达的思想感情，从而掌握高一层次的阅读方法，提高学生的阅读能力。确定"舐犊之情，在场景、细节中流淌"为单元学习主题，除了指向"认识场景、细节描写方法"，体会这些描写在表情达意方面的作用，还指向在习作时有意识地迁移运用。这样的单元学习主题更有利于提高学生的人文素养，对学习语言文字的运用更有价值。

设 计 意 图

单元学习主题的确定立足语文核心素养的培育，以《语文课程标准》的基本要求为依据，整合统筹教材、学生、学习，兼顾语文学科的工具性与人文性，打通语文学习中阅读与习作、学习与实践的通道，促进了学生的全面发展。同时，这样的主题指向了学生的个人体验和学科学习，并兼顾了其在社会生活中的经验和体会，是语文核心素养提升的重要路径。

【单元学习目标】

（一）学习目标分析

《语文课程标准》第三学段"识字与写字"学段要求强调学生有较强的独立识字能力；在"阅读与鉴赏"方面要求"阅读叙事性作品，了解事件梗概，能简单描述印象最深的场景、人物、细节，说出自己的喜爱、憎恶、崇敬、向往、同情等感受"；在"表达与交流"方面要求"内容具体，感情真实"。为此，本单元的阅读目标重点落实在认识场景、细节描写上，并体会这些描写方法对表达人物思想情感的作用。同时，在习作中鼓励学生迁移运用，为达到习作目标"内容具体，感情真实"提供支持。当然，这一要求只作为引导，不作为评价全体学生习作水平的主要指标。

本单元教材围绕人文主题"舐犊之情"选编课文，《慈母情深》

侧重无私的母爱，《父爱之舟》侧重深沉的父爱，《"精彩极了"和"糟糕透了"》则写了父母之爱的不同表达。另外，两篇精读课文的课后练习设计意图比较鲜明，适合"通过场景、细节描写表达人物思想情感"这一阅读要素的落实。《慈母情深》课后的小练笔鼓励学生回忆自己的生活经历，运用场景、细节描写方法表达自己的思想情感。本单元口语交际和习作练习设计侧重于"用恰当的语言表达对父母的看法和感受"，与单元学习主题不一致，因此将习作目标调整为"尝试运用场景、细节描写，适当表达自己的真情实感"，这样更有利于将阅读教学和写作教学融合，体现从学到用的过程。

从学生方面来看，五年级学生初步掌握了对人物、景物、动物的描写方法，但对课文中的场景和细节描写这一写作知识不熟悉。另外，大部分学生的观察能力和对生活的敏感性不够，致使作文写不具体，感情表达不够充分。因此，本单元的教学目标是引导学生去观察生活，理解父母的爱，恰当捕捉生活中的场景和细节表达自己的真情实感。这样既能提升学生的语言建构能力，又能提高学生对社会生活的敏感性和判断力，能丰富学生的情感。"认识场景和细节描写"和"迁移运用这样的写作方法"，是本单元语文核心素养培育的两大落脚点。

（二）单元学习目标

根据以上分析，本单元学习目标确定为：

1. 掌握本组课文的生字新词；通过课前自学，能够正确、流利地朗读课文，感受课文中流淌的"舐犊之情"。

2. 认识场景描写和细节描写，能找出课文中场景、细节描写的关键语段，说出三篇课文在场景、细节描写方面的异同，并能体会场景描写和细节描写在表情达意方面的作用。

3. 根据《慈母情深》的课文内容创设情境写话，尝试运用场景、细节描写的方法，以恰当的语言表达真实的想法和感受，丰富情感。

4. 观察回忆生活中具体的事例，进行口语交际活动，讲述父母关爱自己的事情。

5. 以"我想对您说"为题完成习作，尝试运用场景描写和具体的细节描写，以恰当的语言表达真实的想法和感受，提高对社会生活的敏感性和判断力。

【单元学习活动】

（一）设计思路

本单元真实的大任务情境是以"我想对您说"为题写父母关爱自己的典型事例，主要通过事件中的一个或几个场景，抓住其中的具体细节表达父母的"舐犊之情"。单元学习拟规划为四个步骤、五项活动，见下图。

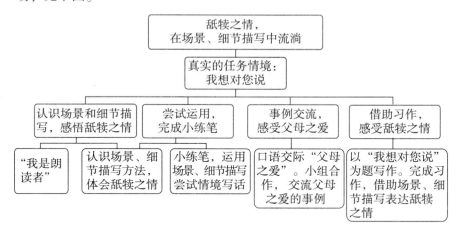

四个步骤设计：

第一步，在三篇课文学习中，认识场景和细节描写，感悟舐犊之情。第二步，结合课文中的小练笔，在尝试运用、具体实践中深化对场景和细节描写方法的认识。第三步，通过口语交际提供的三个生活事例，回忆体现父母之爱的具体事例，感受父母对自己的关爱之情。第四步，完成大作文《我想对您说》，运用场景、细节描写方法表达思想感情，达成本单元的学习目标。

五项学习活动设计如下。

学习活动一："我是朗读者"（一课时）

通过正确、流利地朗读课文和自学生字新词，达成单元学习目标 1。

⦿ 设 计 意 图

学习活动一一方面让学生初步整体认识单元内的学习资源，同时为学生完成后续的主题学习任务打下基础；另一方面，通过活动化的任务情境，学生自主完成课文中的生字词语学习。任务明确，学生主动参与，体现了整体学习活动中以学生为中心的理念，也体现了深度学习的基本特征。

学习活动二：伙伴或师生合作，认识场景、细节描写方法，体会"舐犊之情"（三课时）

这是围绕单元学习目标 2 设计的活动，分三步完成："教师指导"，即结合《慈母情深》课文教学，认识场景、细节描写，体会课文表达的思想感情；"小组合作学习"，即自主学习《父爱之舟》《"精彩极了"和"糟糕透了"》，能够辨析文中的场景、细节描写，体会其表情达意的作用；"学生自主学习"，即梳理、总结三篇课文中的场景、细节描写，加深认识。这一活动是本单元教学重点，《慈母情深》的教学时间是一课时；《父爱之舟》和《"精彩极了"和"糟糕透了"》的教学时间约一课时；梳理总结描写方法用时半课时，余下半课时也可用于完成后续活动的小练笔。

⦿ 设 计 意 图

学习活动二通过《慈母情深》的学习，初步认识场景和细节描写，体会其在表情达意方面的作用；然后通过《父爱之舟》《"精彩极了"和"糟糕透了"》两篇课文，进一步认识场景和细节描写方法，体会其作用。在此基础上，学生自主梳理、总结三篇课文中场景、细节描写，加深了认识，形成能力的层级发展，有利于实现有意义的自主建构，搭建了实现情感深度理解的学习支架，体现了认识能力及思维水平的提升与发展。

学习活动三：小练笔（一课时）

运用场景、细节描写表达思想感情。结合《慈母情深》课文内容创设情境或联系生活情境写话，尝试运用场景、细节描写，以恰当的语言表达真实的想法和感受。由此，达成单元学习目标3。本次小练笔也可穿插在活动二《慈母情深》的教学中进行。

设 计 意 图

学习活动三根据阅读中习得的习作方法，尝试迁移运用，抒写自己的感受和生活经验。沟通阅读与习作的联系，通过小练笔可以进一步加深并检验学生对习作方法的正确理解，并且可以为后续学生链接个人经历观察生活，以及完成口语交际和习作等挑战性任务做充分准备。

学习活动四：口语交际"父母之爱"（一课时）

借助学习单自主梳理，回忆生活中反映父母之爱的具体事例，并在小组合作中以恰当的语言说出父母对自己的爱，表达真实的想法和感受，达成单元学习目标4。

设 计 意 图

学习活动四基于学生在阅读中已经实现的情感理解和语文要素的同构共生，进一步结合真实的生活情境观察，将口语交际学习统一到单元主题任务之下，实现语文学习经验的迁移，完成了由阅读到口语表达的深度学习的转化。

学习活动五：以"我想对您说"为题写作（两课时）

可以根据口语交际活动中交流的具体事例，也可以另选事例，运用课文中学过的场景、细节描写方法，真实表达人物思想感情，达成单元学习目标 5。

设 计 意 图

　　学习活动五迁移运用阅读中习得的描写方法，关联口语交际，开展习作学习，学生具备了一定的表达能力，拥有了素材储备。这样的学习活动设计，让观察与表达一致，使阅读与表达相关联，让口语表达与书面表达有效链接，体现了深度学习单元整体教学的巨大优势。

（二）单元学习规划

课时	学习目标	学习内容	学习活动	学习资源
第一课时	1. 能读会写本单元课文的生字新词。 2. 能够正确、流利地朗读课文，读懂三篇课文中流淌的舐犊之情。	1. 认识本单元课文中的 31 个生字，读准 1 个多音字，会写 26 个生字，理解 37 个词语的意思。 2. 课文《慈母情深》《父爱之舟》《"精彩极了"和"糟糕透了"》。	1. 课前布置学生预习完成：自学本单元三篇课文的生字、词语；反复朗读，读熟读懂课文。 2. 课内组织"字词游戏"活动，以小组为单位检测学生字词学习情况。 3. 组织"我是朗读者"活动，检查学生是否读熟课文。 4. 组织"课文内容我知道"活动，检查学生对课文内容的理解。	PPT 课件、教材、评价单、工具书
第二课时	1. 初步认识场景和细节描写，体会其在表情达意方面的作用。 2. 感受母爱的伟大，丰富学生的思想情感。	课文《慈母情深》。	1. 师生共学、示范引导，抓住关键段落，认识场景和细节描写。 2. 合作学习，品析细节描写，感受舐犊之情，体会表达效果。 3. 创设情境，运用细节描写，尝试表情达意。	学习单、PPT 课件、教材插图、网络资源

续表

课时	学习目标	学习内容	学习活动	学习资源
第三课时	1. 继续认识课文中的场景及细节描写，体会其在表达方面的作用。 2. 感悟舐犊之情，丰富学生的思想情感。	1.《父爱之舟》。 2.《"精彩极了"和"糟糕透了"》。	1. 概括《父爱之舟》描绘的场景，并圈画批注关键句段，找出细节描写，说说感受到的情感。 2. 小组合作学习《"精彩极了"和"糟糕透了"》，交流展示学习成果，感受父母之爱不同的表达方式。	PPT课件、学习单、教材、网络资源、课外读物
第四课时	1. 梳理总结场景及细节描写的表达方法，加深认识。 2. 尝试运用细节描写写段。 3. 在表达实践中体验父母的舐犊之情。	1. 本单元的三篇课文。 2.《慈母情深》课后小练笔。	1. 聚焦结尾，结合语文园地，体会三篇课文不同的写作特点。 2. 完成《慈母情深》课后小练笔，尝试运用细节描写，用恰当的语言表达真实的想法和感受，完成后分享交流。	PPT课件、学习单、教材、网络资源、课外读物
第五课时	1. 联系生活，选择父母关爱自己的事例。 2. 能用合适的语言把事情叙述清楚。 3. 增强学生对父母的感恩之情，提高学生对社会生活的敏感性和判断力。	口语交际"父母之爱"。	1. 小组合作学习：个人回忆，伙伴交流生活中体现父母关爱自己的相关事例。 2. 全班交流展示：由小组选出代表，以叙述或情景表演的方式表述父母对孩子的关爱。	PPT课件、学习单、教材插图

续表

课时	学习目标	学习内容	学习活动	学习资源
第六课时	1. 根据习作主题，选择能反映父母舐犊之情的事件。 2. 选择一个或几个感人场景，尝试运用细节描写表达思想感情。	习作：《我想对您说》。	1. 根据习作要求，选择有代表性的材料，小组分享交流。 2. 个人尝试运用细节描写的表达方法完成习作初稿。	教材、PPT课件、插图、视频
第七课时	通过交流与修改，加深认识学习场景和细节描写的方法，培养修改习作的习惯。	习作：《我想对您说》。	1. 分小组进行习作分享交流。 2. 根据同伴建议，修改自己的作文。 3. 推荐优秀习作全班展示。	教材、PPT课件、网络资源、视频

【持续性评价】

序号	评价目标	评价任务	评价标准	评价方式
学习活动一："我是朗读者"	1. 正确、流利地朗读课文。 2. 正确读写本单元课文中的生字新词，理解词语含义。 3. 读懂课文中流淌的舐犊之情。	1. 通过自主练习、同伴合作、展示比赛等形式朗读课文。 2. 通过独立学习、互助交流、教师指导学习生字词。 3. 借助评价单引导学生初步理解课文内容。	1. 朗读课文不添字、不漏字、不读错字，语气连贯。 2. 快速、准确认读生字新词，并规范书写。 3. 能说出课文的主要人物和主要事件。	自主学习、同伴合作、小组讨论、展示交流、教师指导、评价单

续表

序号	评价目标	评价任务	评价标准	评价方式
学习活动二：认识场景、细节描写方法，体会舐犊之情	1. 初步认识场景、细节描写。	1. 以《慈母情深》描写母亲工作环境和母亲掏钱两个片段描写为例，初步认识场景和细节描写。 2. 通过比较，体会场景、细节描写在表情达意方面的作用。	1. 能够列举课文中的实例，说出什么是场景，什么细节描写。 2. 能够根据课文中的细节描写，体会并说出表达的思想感情。	自主学习、个别分享、小组讨论、师生交流、评价单
	2. 初步体会场景、细节描写在表情达意方面的作用。	1. 通过小组合作学习，找出《父爱之舟》几个场景和细节描写，感受其表情达意的作用。 2. 个人自学《"精彩极了"和"糟糕透了"》，找出课文中的场景和细节描写，感受表情达意的作用。	1. 能够找出课文《父爱之舟》中三处感人的场景，指出细节描写表达的思想感情。 2. 能找出《"精彩极了"和"糟糕透了"》描写母亲和父亲对我的诗歌进行评价的两个场景，能说出细节描写的作用。	自主学习、小组合作、展示交流、评价单
	3. 体会父母之爱的不同表达方式，感受爱的伟大，丰富学生的思想情感。	通过比较阅读，梳理三篇课文对爱的不同表达方式。	通过比较阅读，能说出本单元两篇文章结尾的特点。	自主学习、小组合作、展示交流、评价单

续表

序号	评价目标	评价任务	评价标准	评价方式
学习活动三：小练笔，运用场景、细节描写，尝试情境写话	尝试运用场景、细节描写，用恰当的语言表达真实的想法和感受。	完成《慈母情深》课后小练笔。	在情境写话中体现细节描写，符合人物身份，以及当时的场景。	自主写作、自我评价、展示交流、教师评价
学习活动四：口语交际"父母之爱"。小组合作，交流父母之爱的事例	1. 选择自己生活中反映父母之爱的事例。2. 能用合适的语言将事情叙述清楚，表达自己的感恩之情。3. 提高对社会生活的敏感性和判断力，丰富情感。	1. 通过小组合作学习，选择自己生活中反映父母之爱的一个事例。2. 向同伴叙述自己选择的事例。	1. 选择的事例能反映父母对孩子的爱。2. 能把事情叙述清楚，会抓住一两处场景和细节描写，表达父母之爱。	自主梳理、自我评价、小组合作交流、全班分享、教师评价
学习活动五：以"我想对您说"为题写作。完成习作，借助场景、细节描写表达舐犊之情	1. 能根据习作主题选择合适的材料。2. 尝试运用场景、细节描写，表达思想感情。3. 继续培养修改习作的习惯。	1. 以"我想对您说"为题，选择能反映父母舐犊之情的事件。2. 尝试运用适切的场景描写、细节描写，表达舐犊之情。3. 与伙伴交流自己的习作，相互评价，并听取别人的意见，修改习作。	1. 选择的事例符合本次习作的主题。2. 习作中有反映人物情感的一两处场景和细节描写。3. 大约350字。	独立完成、自我评价、分享交流、同伴评价、教师评价

设 计 意 图

深度学习强调持续性评价。本单元评价设计紧扣单元学习任务，将评价目标划分为"正确、流利地朗读课文"，"初步认识、体会场景、细节描写在表情达意方面的作用"和"尝试运用场景、细节描写，表达思想感情"三个方面，设计评价指标，配合学习活动进行持续性评价。评价目标明确，方法多元，形式多样，有利于引导学生实现自主学习，关注学习的真实发生和学生体会。评价作为教学开展的有效保障，应伴随学习的全过程，既能有效指导教与学，又能提高教学的科学性和针对性。

重要的评价工具

学习单 1（第二课时）

方法	学习任务	学习评价
辨析	一、下列段落中哪些是场景描写（　　）。 A. 空间非常低矮，低矮得使人感到压抑。不足二百平米的厂房，四壁潮湿颓败。七八十台破缝纫机一行行排列着，七八十个都不算年轻的女人忙碌在自己的缝纫机旁。因为光线阴暗，每个女人的头上方都吊着一只灯泡。正是酷暑炎夏，窗不能开，七八十个女人的身体和七八十只灯泡所散发的热量，使我感到犹如身在蒸笼 B. 但我想有一本《青年近卫军》，想得整天失魂落魄 C. 我从同学家的收音机里听到过几次《青年近卫军》的连续广播。那时我家的破收音机已经卖了，被我和弟弟妹妹们吃进了肚子里 D. 我穿过一排排缝纫机，走到那个角落，看见一个极其瘦弱的脊背弯曲着，头凑到缝纫机板上。周围几只灯泡烤着我的脸	1. 能准确、完整地找出场景描写，得 3 颗星。 2. 能准确找出场景描写，但不完整，得 2 颗星。 3. 选项错误杂糅，不得星。

续表

方法	学习任务	学习评价
体会	二、体会下面的细节描写表达了怎样的思想感情。 1. 背直起来了，我的母亲。转过身来了，我的母亲。褐色的口罩上方，一对眼神疲惫的眼睛吃惊地望着我，我的母亲的眼睛……（ ） A. 反映出母亲看到孩子非常吃惊 B. 说明母亲当时工作很辛苦，很疲惫 C. 表达孩子对母亲工作辛勤感到悲哀 D. 说明孩子看到母亲辛苦工作挣钱的样子 2. 母亲掏衣兜，掏出一卷揉得皱皱的毛票，用龟裂的手指数着。……母亲却已将钱塞在我手里了，大声回答那个女人："谁叫我们是当妈的呀！我挺高兴他爱看书的!" 这句话反映出母亲（ ）。 A. 尽管很拮据，但支持孩子看书 B. 非常喜欢看书 C. 因为缺钱显得有些吝啬 D. 怕别人知道自己给孩子买书钱	1. 能准确选择出全部选项，得 3 颗星。 2. 能准确完成一个题目的选项，得 1 颗星。
练习	三、默读课文，找出一至三处细节描写，写出其中表达的思想感情。 _____ _____ _____ _____	每找出一处细节描写，并准确、完整地写出体会，得 1 颗星。

学习单 2（第二课时）

小练笔提示：

"那一天母亲数落了我一顿。数落完，又给我凑足了买《青年近卫军》的钱。"

请展开想象，试着运用场景、细节描写，写出母亲第二次准备钱的过程，并自我评价、修改。

序号	评价标准	学习评价
1	叙述清楚，写出"鼻子一酸"的经历。	☆ ☆ ☆
2	描写场景，有画面感。	☆ ☆ ☆
3	描写细节，表达出真实情感。	☆ ☆ ☆
4	自我修改，能正确运用修改符号。	☆ ☆ ☆
总计	自我评价获（　　　）颗星	

【教师反思】

（一）学习目标的达成度

本单元的设计共安排了五个学习目标，既关注了学生的语言积累、阅读方法的提升，也关注了积累后的内化与运用。学习过程符合学生的认知规律，有利于学生思维的深度发展。教学中，从教师指导到学生合作学习，再到学生的理解运用，逐步达成了学习目标，使学生在课堂上快乐地学习，幸福地成长。

（二）教学设计的优点和不足

本单元教学设计的主要优点表现在改变了以往单篇文本分段分层教学，以及知识点琐碎、零散、浅表化的现象，使学生的学习发生在真实的情境与任务之中，学生能够积极主动地学习，凸显了以生为本的教学思想，促使学生思维能力的发展，提升了学生的学习力。

教学永远是一门遗憾的艺术。以何蕊老师执教的《慈母情深》一课而言，其不足之处主要体现在：

教师的角色定位不够准确。虽然何老师一直坚持学生是学习的主体，但潜意识里依然还存在着对学生、对课堂教学的控制欲和支配欲，没有最大限度放手。学生没有真正实现自主学习。

学生的语言运用还需加强。本单元的教学，预设了真实、具体的任务情境，教师结合课文创设了"母亲给钱"这样一个新的情境，安排了小练笔。但教学中学生练笔只有三分钟，导致部分学生未能完成练笔，大部分学生未能进行细致描写。因此，教师还需要进一步转变教学观念。

（三）改进的设想

深度学习，是师生共同经历的一场智慧之旅。基于以上分析，我们意在这几个方面进行改进。

一方面，要进一步加强理论知识的学习。对于单元主题课，理论的支持是关键的，需要成熟、科学的课程模式和理念。在研究与实验中，我们要不断发现问题，聚焦问题，持续学习，找准深化研究的着力点，在着力点上发力、下功夫。

另一方面，进一步深入课堂，加强教师的反思。深度学习教学改进项目的实施关键在于教师，而教师的成长一定在课堂里。在课堂里，教师一定要深入地思考总结，比如，如何真正地落实学生的主体地位，如何进行有效的持续性评价等，这些都需要我们进一步思考，让深度学习真正发生。

"舐犊之情，在场景、细节描写中流淌"第二课时教学流程

学习目标	1. 初步认识场景和细节描写，体会其在表情达意方面的作用。 2. 感受母爱的伟大，丰富学生的思想感情。	
教学环节	**学习活动**	**评价要点**
环节1：复习课文回忆内容	回忆一下，课文写了一件什么事情。	用精练的语言概括出课文描写的内容。

续表

教学环节	学习活动	评价要点
环节2： 借助自测 圈画场景	1. 借助自测单，师生共同学习什么是场景描写。 2. 通读课文，圈画出文中的场景描写。	1. 通过师生共学，能用自己的话说一说什么是场景描写。 2. 能准确地找出文中的场景描写。
环节3： 小组合作 品析细节	1. 示范引导：抓住文中打动自己的语句，认识细节描写，分析细节描写在表情达意方面的作用。 2. 合作学习：小组交流细节描写，汇报分析，感受舐犊之情。 3. 教师点拨提升。	1. 在教师的引导下，了解细节描写在表情达意方面的作用。 2. 小组交流时，能说出细节描写在表情达意方面的作用，语言流畅，表达准确，体会母亲的舐犊之情。
环节4： 尝试运用 点拨提升	小练笔，扩写母亲第二次为"我"凑足钱的场景和细节描写。 1. 小组合作讨论扩写点。 2. 全班交流分享。	1. 小组交流时，能说出细节描写的地方。 2. 在教师点拨下，能充实细节描写。
环节5： 总结提升 布置作业	课下完成《我为梁晓声代言》小练笔。下节课交流分享。	
板书设计	慈母情深 场景：寻找母亲　给钱买书 细节：烤　凑　掏　揉　数　塞　攥……	

案 例 五

鲁迅面面观——"我眼中的鲁迅"研读交流会
（六年级）

▶案例名片

授课年级：六年级第一学期

单元总课时：九课时

设计者：程润、柏春庆、王晓英、冯益勇、郝婧坤①

执教者：程润

【单元学习主题】

（一）主题名称

鲁迅面面观——"我眼中的鲁迅"研读交流会

（二）主题解读

本单元课文主要由"鲁迅的作品"和"关于鲁迅的作品"两部分组成，为学生提供了了解、认识鲁迅先生的不同视角。

单元阅读方面的语文要素为"借助相关资料，理解课文主要内容"。"理解课文主要内容"并非新授知识，学生在四年级、五年级已经学会运用多种方法整体感知主要内容。因此，单元的学习重点应侧重在搜集相关资料、认识鲁迅、理解鲁迅方面。本单元表达方面的语文要素是"通过事情写一个人，表达出自己的情感"，与单元学习主题

---

① 程润、王晓英、冯益勇为北京市海淀区实验小学教师；柏春庆、郝婧坤为北京市海淀区教师进修学校教研员。

"走近鲁迅"不一致。因此，拟围绕单元学习主题将习作任务改为"以鲁迅为专题写一篇文章"，结合学生搜集的资料，写一篇关于鲁迅的专题文章，表达对鲁迅先生的敬佩之情。

基于上述认识，我们将本单元学习活动设计成一个完成真实情境任务的过程，召开"鲁迅面面观——'我眼中的鲁迅'研读交流会"。围绕这个真实任务指导学生读懂单元选文，提出自己感兴趣的关于鲁迅的探究性问题，并搜集相关资料，进行探究性阅读，以进一步深入认识鲁迅这位伟大的思想家、文学家。然后借助单元习作，以"课文中的鲁迅给你留下了怎样的印象""说说鲁迅先生是一个怎样的人"为主题，引导学生根据自己的探究性学习成果，写读后感、研究报告、小论文、鲁迅小传、鲁迅印象等，为最后的研读交流会召开做充分的准备。学生通过目标明确的学习过程，不断走进鲁迅先生的精神世界，不断认识并认同鲁迅先生对家庭（孩子）、对他人、对社会的关注之情（利他精神）、责任担当。

从学情方面分析，六年级学生思维活跃，尤其是面对感兴趣的话题，他们愿意以小组为单位进行探究性学习活动。同时，从习作的角度分析，本班学生对写人记事，表达情感的习作并不陌生，但鲜有学生对某一个名人进行过专题研究。如果要求学生在探究性学习基础上写专题文章，一定会激发学生极大的学习兴趣。

基于教材和学情分析，结合本单元的课文特点及语文要素，我们确定了本单元的学习任务——以班级为单位举行"鲁迅面面观——我'眼中的鲁迅'"研读交流会。这一学习任务融合了阅读与习作，无论在育人价值上，还是在意义建构上，包括在语言运用学习上，都能达到完美统一。学生在"语文学习—意义建构"的不断循环中，积累语言表达经验，提高搜集、整理资料能力，并且能够更加深入地认识鲁迅，感受伟人精神，从而提升语文核心素养。

设 计 意 图

　　单元学习主题的合宜，来自教师对教材和学生的准确了解与分析。将课文阅读、习作学习统一在单元学习主题之下，可以使本单元的学习更为连贯，形成合力，有利于学生学习不同文体的习作，促进学生的思维发展。

【单元学习目标】

（一）学习目标分析

　　《语文课程标准》非常重视查找、整理资料能力的训练，第三学段要求"初步了解查找资料、运用资料的基本方法"。统编教材重视查找和运用资料能力的培养。我们梳理了三至六年级的教材，发现查找和运用资料的编排呈现出一条非常完整的学习线索，如下图。

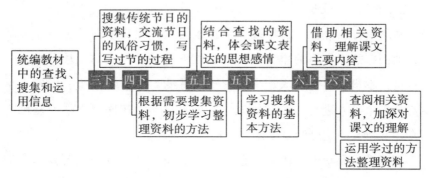

　　学生通过三至五年级的学习，初步掌握了资料查找、整理与运用的方法，因此，本单元应侧重查找资料方法的运用，让学生在实践活动中对前期所学方法进行复习、改进与巩固，从而达到提升能力的目的。为此，我们初步确定单元学习目标为"围绕鲁迅搜集资料，借助资料认识鲁迅、理解鲁迅，感受其人格魅力与精神品质，能做出初步评价"。

　　此外，六年级学生已经具备一定的自学能力，因此生字词语学习、课文读熟背诵等任务主要由学生在预习阶段通过自学完成，课堂上可以花少量时间用于检查学生的预习情况。

围绕本单元主题学习任务，我们通过观察、访谈与问卷等方式对学生进行调研，并对调研结果进行分析。

5. 我们在第八单元将围绕"鲁迅先生"展开学习，如果需要使用资料，我想这样做（进行描述，越具体越好）：了解鲁迅先生所处的时代，查清创作背景，简单了解文中人物/事件。

做（进行描述，越具体越好）：首先，了解鲁迅先生的个人背景，然后再找关于某篇文章的写作背景。都研究后再看一遍那篇文章，展开阅读和学习。

做（进行描述，越具体越好）：查一些有关鲁迅先生的资料，了解他，然后再找一些他的文章，了解他们的写作风格，和所学的文章合起来看，就会知道很多。

1. 本班大部分学生对鲁迅先生的认识停留于"只知其名，不识其人"，读过其作品的更是少数，且多是泛泛而读。大多数学生表示愿意了解鲁迅并阅读其作品。

2. 通过三至五年级的学习，本班学生熟悉查找资料的路径与方法，其中，通过两种以上的方式查找资料的学生占半数以上。大多数学生具备了根据需要查找资料并分类的意识。

3. 分析学生的主观答题，发现学生在查找资料、整理资料方面还存在三个问题：

第一，时机单一化。学生有根据需要查找资料的意识，但这样的意识往往只停留于阅读初期，只是泛泛而看。当阅读中后期出现有价值的探究性问题时，往往缺少对前期资料的再阅读、再筛选、再使用。

第二，资料使用浅表化。这是核心问题。学生找到的资料不乏有价值的，但在使用时，或眉毛胡子一把抓，或捡芝麻丢西瓜，呈现出使用资料表层化和简单化的问题，缺乏将资料与文本、问题对应、提取、联结、转化乃至提炼观点、形成结论的能力。

第三，认识扁平化。一方面，学生对资料类型的认识大多停留在文字资料上，对图片类、影音类资料缺乏重视；另一方面，对资料搜集方式的认识也大多停留在网络上，对于实地参观、考察等方式鲜有尝试。

基于这些问题，我们认为"继续学习筛选、运用资料的方法。能针对探究的问题，对资料进行筛选、提取、联结、转化，初步形成对鲁迅先生的评价"是本单元学习的重点，也是难点。

设 计 意 图

学情分析的准确、真实是深度学习开展的重要前提条件。本单元学生的学习难点，表面上看是对文章内容的不理解，实质上是信息关联度不高的结果，也就是学生不能将信息吸收、转化、加工并运用，因此，学生在学习资料搜集、整理和使用方面的问题就成为本单元的学习难点，也是确定单元学习目标和活动时要重点关注的核心问题。

（二）单元学习目标

1. 理解和正确运用本单元生字新词。正确、流利地朗读课文，背诵《少年闰土》第一自然段。

2. 概括课文的主要内容，说出鲁迅先生留给自己的印象，初步形成对鲁迅先生的认识。

3. 围绕文本的深层意义、创作意图等提出有探究价值的问题，有目的地查找相关资料，解决问题，形成自己的理解。

4. 根据探究问题，借助资料写成《我眼中的鲁迅》一文，对鲁迅先生做出评价，认识鲁迅先生的利他精神和责任担当，表达对鲁迅先生的敬意，增强责任感、使命感。

设 计 意 图

单元学习目标围绕单元学习主题制定，层层深入，由浅层学习向深度学习目标发展，遵循学习规律，呈现完整的发展链条，为后期学生的深度参与提供了导航和指引。

【单元学习活动】

（一）设计思路

在"鲁迅面面观——'我眼中的鲁迅'研读交流会"这一真实的学习任务引领下，教师以专题学习成果为任务驱动，设计了三个阶段的学习项目。

第一阶段：熟读单元选文，走近鲁迅，了解鲁迅（四课时）

学习活动一：预习单元课文并检查（一课时）

课前预习：（1）自学本单元生字新词，大致读懂课文。（2）交流查阅的资料，初步认识鲁迅，了解鲁迅。

检查预习情况（一课时）。借助预习单，交流预习情况。通过小组讨论，初步提出准备探究的有价值的专题。初步交流对鲁迅先生的了解。

学习活动二：我读鲁迅作品（两课时）

以《少年闰土》《好的故事》为核心，在读懂的基础上，引入阅读材料《故乡》《从百草园到三味书屋》《阿长与〈山海经〉》等鲁迅作品及解读资料，初步认识鲁迅作品的语言特点，理解作品中蕴含的利他精神和责任情怀，筛选有探索价值的专题。

学习活动三：我读介绍鲁迅的文章（一课时）

以《我的伯父鲁迅先生》为核心，阅读《有的人》及相关资料，阅读巴金、萧红等人回忆鲁迅的文章，通过小组讨论，提炼整合文章内容，继续筛选具有探究价值的专题。

第二阶段：确定探究方向，自主探究问题，查找整理资料（两课时）

学习活动一：确定探究专题，讨论探究方法（一课时）

在阅读鲁迅作品和介绍鲁迅作品的基础上，师生共同梳理确定有探究价值的专题，确定探究方向，组成探究小组。再针对探究的专题，讨论资料查找、使用的方法。

学习活动二：自主探究，查找资料（课外）

根据探究专题自主查找资料，初步整理资料。

学习活动三：整理资料，形成小组汇报提纲并交流讨论（一课时）

1. 按小组整理查找到的资料，各小组（也可以是个人）形成专题成果的汇报提纲。

2. 各小组派代表进行专题探究提纲汇报，全班分享各小组（个人）探究成果。

3. 在教师指导引领下，师生共同进行讨论和点评，给出增删调改的建议。

第三阶段：完成专题习作，召开研读交流会（三课时）

学习活动一：根据提纲撰写专题探究文章（一课时）

在充分交流讨论的基础上，学生进行专题成果撰写。

学习活动二：习作分享并修改（一课时）

以探究小组的形式，分享交流个人专题探究成果，小组提出修改建议，个人修改。推荐优秀文章准备全班交流。

学习活动三：开展专题汇报，解读鲁迅（一课时）

召开"鲁迅面面观——我眼中的鲁迅"研读交流会，展示单元的学习成果。

设 计 意 图

逻辑清晰、层次明确的设计思路是良好学习过程的保证。整个设计思路呈现出"发现问题—提出问题—分析问题—解决问题"的探究性学习特点，也是学习走向深度的必由之路。

（二）单元学习规划

课时	学习目标	学习内容	学习活动	学习资源
单元预习	学生预习任务： 1. 自学本单元生字新词，读懂课文。 2. 交流查阅的资料，初步认识鲁迅，了解鲁迅。			
第一课时	1. 通过预习，能正确读写生字新词。 2. 能正确、流利地朗读课文，理解主要内容。 3. 能初步交流对鲁迅先生的了解。	1. 本单元生字新词。 2. 选文主要内容。 3. 鲁迅相关资料。	1. 借助预习单，默写课文中部分生字新词，检查预习字词。 2. 检查学生课文朗读情况。 3. 全班交流四篇选文的主要内容，交流对鲁迅先生的了解。 4. 作业布置：查找、阅读鲁迅相关作品，巴金、萧红等人的回忆性文章。	本单元课文、学生自查资料、预习单
第二到三课时	1. 借助相关解读资料，读懂《少年闰土》《好的故事》。 2. 结合拓展阅读鲁迅的小说和散文，初步感受鲁迅作品的特点。 3. 提出具有探究价值的问题。	1.《少年闰土》。 2.《好的故事》。 3. 拓展阅读《故乡》《从百草园到三味书屋》《阿长与〈山海经〉》。	1. 朗读、默读两篇课文。拓展阅读鲁迅的其他小说和散文若干篇。 2. 借助资料，讨论对课文思想内容的理解，讨论对鲁迅作品的认识。 3. 以小组为单位，提出具有探究价值的问题。	教材、鲁迅文章一组、学生自查资料

续表

课时	学习目标	学习内容	学习活动	学习资源
第四课时	1. 阅读介绍鲁迅的两篇课文，认识鲁迅先生对家庭、对他人、对社会的关切之情、责任担当。 2. 继续梳理、确定有探究价值的专题，确定探究方向。	1.《我的伯父鲁迅先生》。 2.《有的人》。 3. 提出具有探究价值的问题。	1. 阅读介绍鲁迅的两篇课文。 2. 借助相关资料，讨论什么是鲁迅精神，鲁迅为后人留下了哪些宝贵财富。 3. 以小组为单位继续思考具有探究价值的问题。	教材、学生自查资料、"我眼中的鲁迅"学习单、学生搜集的纪念鲁迅文章一组
第五课时	1. 结合研读交流会的任务，确定探究鲁迅的专题。 2. 形成专题研究小组。 3. 运用学过的查找资料、整理资料的方法，结合探究专题查找并整理资料。	1. 阅读有关鲁迅的回忆性文章。 2. 资料查阅的方向、路径、优势及不足。	1. 发布"鲁迅面面观——我眼中的鲁迅"研读交流会活动，了解专题任务及成果。 2. 学生以"小研究员"的身份，确定探究方向及问题，回顾、梳理、总结在资料查找、使用上的要点，例如：①根据需要查。②查阅的方法、优势与不足、具体查阅技巧等。③查后归类的方法，如根据内容归类。 3. 结合问题，以思维导图的方式呈现资料查找的方向、范围。 4. 组织若干个专题探究小组。	教材、资料笔记

课时	学习目标	学习内容	学习活动	学习资源
课外	根据探索的问题自主查找资料，初步整理资料。利用 1—2 天课余时间个人或分组搜集资料，这是提高学生查找资料能力的关键环节，强调人人动手，个个参与，主要安排在课外进行。			
第六课时	1. 能根据探究专题，初步交流提纲及资料。 2. 能结合探究专题，针对资料的使用进行反思调整。	1. 匹配提纲与资料。 2. 选择资料的角度。 3. 资料使用的信度。	1. 学生在小组内交流上一阶段形成的专题学习成果提纲及相关支撑资料，互评互改，推荐优秀成果在全班交流。 2. 全班交流优秀案例，教师指导学生继续评价，对资料进行修改。	学生专题学习成果提纲、自查资料
第七课时	能借助理解和资料，完成专题成果的撰写。	选择研究报告、读后感、小论文、鲁迅小传等形式表达认识和理解。	学生根据指导撰写专题习作。	习作成果
第八课时	1. 能分享初稿，互提修改建议。 2. 能个人修改。	明确专题作品的优势与不足。	1. 学生分享作品。 2. 根据修改建议进行习作修改。	修改后的习作
第九课时	1. 能交流汇报专题学习成果。 2. 能在交流分享、互评互议中表达对鲁迅先生精神品质、责任情怀的理解，产生敬意，提升自身的责任感、使命感，体现与最初认知的区别。	1. 分享成果经验。 2. 进一步体会鲁迅先生的精神品质、责任情怀。	1. 召开"鲁迅面面观——'我眼中的鲁迅'研读交流会"，学生进行专题学习成果汇报。 2. 评价作品，形成作品集。	学生专题学习成果、评价表

【持续性评价】

（一）基础性评价

序号	评价内容	自评	互评	师评
1	能正确读写生字。	☆ ☆ ☆ ☆ ☆	☆ ☆ ☆ ☆ ☆	☆ ☆ ☆ ☆ ☆
2	能正确、流利地朗读课文。	☆ ☆ ☆ ☆ ☆	☆ ☆ ☆ ☆ ☆	☆ ☆ ☆ ☆ ☆
3	能归纳主要内容。	☆ ☆ ☆ ☆ ☆	☆ ☆ ☆ ☆ ☆	☆ ☆ ☆ ☆ ☆
4	背诵课文《少年闰土》第一自然段。	☆ ☆ ☆ ☆ ☆	☆ ☆ ☆ ☆ ☆	☆ ☆ ☆ ☆ ☆

（二）资料查找、运用评价体系

序号	评价目标	评价任务	评价标准	评价方式
1	结合课文和其他有关资料的阅读，确定有价值的探究专题。	1. 通过预习时阅读的课文发现问题，查找资料。 2. 阅读鲁迅作品和介绍鲁迅的文章，发现并提出有价值的探究专题。 3. 在教师指导下，结合相关资料，筛选并确定有价值的探究专题。	1. 确定的探究专题符合单元学习主题。 2. 能针对文本深层意义、创作意图等提出问题。	利用评价表一，自评、互评或师生共评学生确定的探究专题的价值

续表

序号	评价目标	评价任务	评价标准	评价方式
2	根据探究专题主动搜集、查找资料，提高查用资料的意识。	1. 知道常用的查找资料、运用资料的方法及各自的特点。 2. 拟定搜集资料的范围、方法和途径，列出查找资料清单。 3. 根据探究专题主动积极地搜集、查找资料。	拟定的资料搜集范围、途径与探究的专题相匹配。 列出的资料清单能基本满足文章写作的需要。	借助评价表二，对照学生的专题探究提纲和资料清单自评、互评
3	根据探究专题，结合搜集的资料写出探究鲁迅的专题文章。	1. 围绕探究专题整理搜集的资料。 2. 列出专题文章写作提纲。发现资料不足并及时补充，以满足探究专题的需要。 3. 能选择研究报告、读后感、小论文、鲁迅小传等形式展示鲁迅在自己心目中的形象。	1. 搜集的资料符合并满足探究专题的需要。 2. 选择的文章形式与探究专题相吻合。	借助评价表三，学生自评、同桌互评
4	通过研读交流会交流分享专题探究文章。	小组交流评价学生撰写的专题文章；推荐部分专题成果在全班分享交流。	习作内容与单元学习主题相吻合。文章呈现的材料充分，有说服力。	小组互评，填写学习评价表四

设 计 意 图

在这一部分中，设计者很好地凸显了评价的导向性功能。在学习的不同阶段，设计评价量表评价学生的思维水平，一环紧扣一环，上一阶段的成果既是下一阶段学习的基础，又是教学诊断的依据。同时，持续的过程性评价能够使学生的学习活动得到有效支持，使教师和学生有机会及时对学习进行修正，也有利于评估深度学习所要求的思维理解过程和解决实际问题的能力，真正以评促教、以评促学，实现教—学—评的一致。

重要的评价工具

确定探究专题评价表

评价内容	自评	互评	师评
确定的探究方向与单元学习主题切合。	☆ ☆ ☆ ☆ ☆	☆ ☆ ☆ ☆ ☆	☆ ☆ ☆ ☆ ☆
确定的探究专题有价值。	☆ ☆ ☆ ☆ ☆	☆ ☆ ☆ ☆ ☆	☆ ☆ ☆ ☆ ☆
能帮助自己深入了解鲁迅和他的精神。	☆ ☆ ☆ ☆ ☆	☆ ☆ ☆ ☆ ☆	☆ ☆ ☆ ☆ ☆
探究专题视角独特，有一定创意。	☆ ☆ ☆ ☆ ☆	☆ ☆ ☆ ☆ ☆	☆ ☆ ☆ ☆ ☆

整理资料构思探究文章评价表

评价内容	自评	互评	师评
搜集的资料符合并满足探究专题的需要。	☆ ☆ ☆ ☆ ☆	☆ ☆ ☆ ☆ ☆	☆ ☆ ☆ ☆ ☆
选择的文章形式与探究专题相吻合。	☆ ☆ ☆ ☆ ☆	☆ ☆ ☆ ☆ ☆	☆ ☆ ☆ ☆ ☆
习作探究专题视角独特，有一定创意。	☆ ☆ ☆ ☆ ☆	☆ ☆ ☆ ☆ ☆	☆ ☆ ☆ ☆ ☆

设 计 意 图

学习工具、评价工具的设计是将学生的学习情况外显的重要手段，在不同阶段呈现不同类型的学习工具，有助于教师对学生思维发展进行观察，以便调整教学。

【教师反思】

通过单元主题学习，学生能较好地达成学习目标

从资料的查阅使用来看，全班通读了《朝花夕拾》，阅读了《呐喊》《野草》部分篇章，阅读了巴金、萧红等人的文章，查阅了冯雪峰、李何林等人的解读类文章。学生借助这些资料，解决了大部分重要问题，对鲁迅先生有了深入了解。

教学设计与实施的优点和不足

优点：

1. 深度学习，凸显学习质量。在挑战性学习主题的引领下，学生通过深度学习活动，达成学习目标，持续性评价工具的设计保障了学生学习目标可检测，凸显了对语文学习质量的追求。

2. 细化要素，凸显思维路径。此次深度学习活动，将学生使用资料与研读文本的思维过程外显。相关学习工具设计是对这一特色的落实。

3. 落实活动，凸显学生学习。教师将更充分的学习时间和空间给予学生，以助学者的角色和学生共同完成学习任务，学生在学习小组中质疑、讨论、表达、总结等，教师只在要点处进行点拨。

不足：受条件所限，学生对查找、运用资料的实践还可以更充分些。

下一步改进的设想

1. 指导学生规划更为合理的学习路径，为充分查阅、运用资料，促进理解提供保障。

2. 为学生认识鲁迅先生提供更为广阔的学习空间。

"鲁迅面面观——'我眼中的鲁迅'研读交流会"第四课时教学流程

第四课时教学设计

课时及课题	第四课时《我的伯父鲁迅先生》
课型	略读

一、学习目标确定

1. 阅读介绍鲁迅的两篇课文，认识鲁迅先生对家庭、对他人、对社会的关切之情、责任担当。

2. 继续梳理确定有探究价值的专题，确定探究方向。

二、学习重点、难点

学习重点：能结合文本与资料，理解课文主要内容，有理有据地表达鲁迅先生留给自己的印象。

学习难点：能结合文本与问题，对资料进行提取、联结、转化，初步形成自己对鲁迅先生的评价。

三、学习评价设计

1. 学习工具设计

【学习单一】

> 我关注的是＿＿＿＿＿＿＿＿＿＿＿＿（事件）。我推想，此时此刻，鲁
> 迅先生的目光中＿＿＿＿＿＿＿＿＿＿＿＿＿＿＿＿＿＿＿＿。
> 理由1：＿＿＿＿＿＿＿＿＿＿＿＿＿＿＿＿＿＿＿＿＿＿＿
> 理由2：＿＿＿＿＿＿＿＿＿＿＿＿＿＿＿＿＿＿＿＿＿＿＿
> 理由3：＿＿＿＿＿＿＿＿＿＿＿＿＿＿＿＿＿＿＿＿＿＿＿

【学习单二】

> **【印象·鲁迅】**
> 鲁迅先生，您，就是这样的人！＿＿＿＿＿＿＿＿＿＿＿＿＿＿＿
> ＿＿＿＿＿＿＿＿＿＿＿＿＿＿＿＿＿＿＿＿＿＿＿＿＿＿＿＿＿
> ＿＿＿＿＿＿＿＿＿＿＿＿＿＿＿＿＿＿＿＿＿＿＿＿＿＿＿＿＿

续表

第四课时教学设计

【设计说明】

（1）【学习单一】主要考查学生使用资料时的对应、提取能力，也是其交流的依据。

可以考查学生在交流过程中对文本与资料的联结、转化能力。

（2）【学习单二】是对学习成果的整合与提升，是学生联结、转化文本与资料，形成对鲁迅先生初步印象的工具。

两张学习单形成持续性评价，既是学习方法的巩固渗透，也是思维发展的外显工具，同时也锻炼了学生的表达能力。

2. 学习评价标准设计

单点结构水平	对人物的评价使用了课文或资料中的某一处结论性信息。
	对人物某一鲜明的特点，能从课文或资料中寻找一个例证进行证明。
	对人物的评价使用课文或资料中的某一处信息，通过推理，发现隐性信息，结论只是人物的某一特点。
多点结构水平	对人物的评价能使用课文或资料中多个显性的信息，但要点之间没有建立联系，寻找的信息不分主次。
	对人物的评价可从课文、资料中找到多个重要例证，但例证与例证之间没有建立逻辑上的关联。
	对人物的评价可从课文、资料中找到多处重要例证并进行推论，但推论之间没有建立联系。

设 计 意 图

　　基于 SOLO 分类理论，结合学生学习成果，设计适用于本班学生的"资料使用及人物评价量表"，考查学生的思维发展水平，以利于今后教学的调整。

续表

第四课时教学设计

四、学习活动设计

教师活动	学生活动
环节一：鲁迅表情之谜	
教师活动1 1. 出示预习检测及鲁迅先生的图片，请学生观察：看看能不能发现什么。 2. 引导提问并回顾使用资料的要点：还记得之前我们是怎么使用资料的吗？	学生活动1 1. 概括小标题。 2. 发现问题，提出问题：为什么鲁迅先生如此严肃？鲁迅先生不会笑吗？…… 3. 对应提取，联结转化。

设 计 意 图

学习的本质始于冲突，终于合作。学生的问题是最好的学习驱动力。引导学生关注核心问题，有利于学生准确理解人物，形成较为恰当的评价。

| 教师活动2
1. 针对问题，布置任务：速写鲁迅先生的眼睛。
人们常说"眼睛是心灵的窗户"，下面我们就用文字来速写鲁迅先生的眼睛。阅读《我的伯父鲁迅先生》，选择一件事，结合相关资料，完成学习单一。
要求：（1）结合文本与相关资料进行推想。（2）三个理由中，课文信息、资料信息至少各占一个。
2. 教师对学生交流中的问题予以指导。针对有困难的学生，教师提供资料给予支持。 | 学生活动2
1. 根据要求，阅读文章，对应、提取相关资料，完成学习任务单。小组交流。
2. 联结、转化课文及资料，有理有据地进行推论。 |

续表

第四课时教学设计

ⓈⒾⒺⓉ 设　计　意　图

　　由"速写鲁迅先生的眼睛"这一学习活动切入，提升学生的学习兴趣，同时，将读文章、画句子、用资料、解言行、议人物的操作流程变为呈现学生思维过程的学习单，有利于教师发现问题，及时指导。

教师活动3 引导学生比较学习成果。	学生活动3 比较学习成果，发现"目光"背后的差别与共性。

设　计　意　图

　　此环节意在引导学生在个性之中看共性，见识鲁迅先生的精神境界、人格魅力，进一步生成个人对鲁迅先生的认识。

环节二：印象·鲁迅

教师活动 教师引导学生完成学习单二，要求：联系本单元所学内容及相关资料，形成一段文字，表达鲁迅先生在你心中的印象。可以是一段评论，也可以是一首诗，还可以运用比喻、排比等手法进行写作。	学生活动 1. 联结文本、资料及个人的认识，转化为个性化的语言，表达对鲁迅先生的认识。 2. 可以按照学习单二的框架写，也可以自己创作。

设　计　意　图

　　继口头体现联结、转化的思维过程后，再次将思维过程体现于学习单上，并进行语言表达上的调整加工，形成学习成果。

续表

第四课时教学设计

五、板书设计

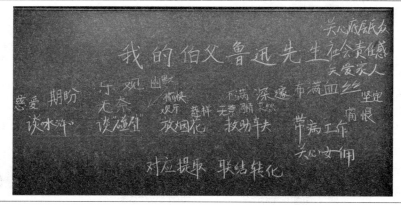

设 计 意 图

　　此设计以生成阅读感受为主，通过对使用资料方法的再提示、再运用，使学生生成对鲁迅先生新的评价，从而达成学习目标。

案 例 六

跨学科主题学习——欣赏艺术的魅力
（六年级）

▶案例名片

授课年级：六年级第一学期

单元总课时：十课时

设计者：柏春庆　刘莉①

执教者：刘莉

【单元学习主题】

（一）主题名称

跨学科主题学习——欣赏艺术的魅力

（二）主题解读

六年级第七单元是统编教材以"艺术的魅力"为主题的阅读单元。《义务教育课程方案（2022 年版）》将培养"向善尚美，富于想象，具有健康的审美情趣和初步的艺术鉴赏、表现能力"作为义务教育课程的目标之一。"艺术的魅力"是小学阶段少有的培养学生向善尚美和审美情趣的主题，同时也是学生结合美术、音乐等学科知识，实现跨学科学习非常好的载体。据此，我们将本单元设计成以"欣赏艺术的魅力"为主题的跨学科主题学习单元，创设的学习情境为编辑一本"艺术的魅力"专辑，设计的挑战性学习任务是让学生为班级"艺术的

---

① 刘莉，北京市海淀区万泉小学教师。

魅力"专辑提供稿件，介绍自己喜欢的艺术形式。关于什么是艺术众说纷纭，艺术种类繁多，按照目前普遍流行的以"美"的范畴分类，艺术大致可以分为美术、音乐、书法、戏剧、舞蹈、建筑等。在学情调研中，我们发现学生对艺术的理解都比较模糊，对艺术的种类了解得也不够清楚，因此，本单元的学习目标就是了解什么是艺术，初步认识、感受并尝试欣赏艺术，学习从不同角度、用不同方法介绍艺术，通过认识艺术、了解艺术、感受艺术、介绍艺术等围绕艺术开展的实践活动，走进艺术大门。为完成单元学习任务，学生还要围绕自己喜欢的艺术开展课外阅读，广泛搜集资料，学习如何欣赏自己喜欢的艺术以及用什么方法介绍艺术的种类等，在综合实践活动中运用语文、音乐、美术等学科的知识和技能。

本单元学习任务群设计可以归属于"跨学科学习"学习任务群，侧重于多学科知识技能的综合运用，在发现问题、分析问题、解决问题的过程中提高语言文字运用能力，接受审美熏陶，提升学生核心素养。

【单元学习目标】

（一）学习目标分析

本单元的人文主题是"艺术的魅力"，教材提供了课文《文言文二则》（《伯牙鼓琴》《书戴嵩画牛》）、《月光曲》和《京剧趣谈》。课文内容涉及音乐艺术、绘画艺术、京剧艺术等艺术种类。口语交际题目是交流自己对书法家、书法作品的认识，学生可以由此接触书法艺术。本单元的语文要素是"借助语言文字展开想象，体会艺术之美"和"写自己的拿手好戏，把重点部分写具体"。习作题目是介绍自己的拿手好戏，要求把重点部分写具体，这个习作题目与艺术的联系不是很紧密。

单元课文重点应该放在对各种艺术介绍方法的学习上。《伯牙鼓琴》讲述的是俞伯牙和锺子期之间发生的"高山流水遇知音"的经典故事。《月光曲》讲述的是音乐家贝多芬创作《月光曲》的故事。这两篇课文讲述的都是艺术家的故事，可以归为一类。苏轼的《书戴嵩画牛》主要讲了收藏家杜处士和牧童评论画家戴嵩画的斗牛图的事情，揭示了一个艺术创作的道理，可以归为介绍艺术作品一类。《京剧趣谈》则介绍了京剧艺术中道具和亮相两种艺术表现形式的特点和独特魅力，在写法上与前几篇课文有明显的区别，采用的是从几个方面介绍京剧艺术的方法。通过阅读几篇课文，学生认识到为"艺术的魅力"专辑供稿可以从多种角度选择材料。

本单元口语交际是"聊聊书法"，可以引导学生围绕书法艺术介绍书法家的故事，也可以让学生欣赏优秀的书法作品，还可以让学生从几个方面介绍书法艺术的特点或魅力等。这样学生就会从不同角度选择材料，采用不同的方法介绍书法艺术，为最后完成专辑文稿的撰写热身。

习作题目"介绍自己的拿手好戏"与单元学习任务联系不紧密，建议调整为围绕单元主题介绍自己喜欢的某种艺术，为"艺术的魅力"专辑写稿。扩大写作范围，写自己学习某种艺术的经历，写艺术家的故事，也可以不写人，只介绍某种艺术，这样就和专辑编写融为一体。为全方位展示单元学习成果，体现跨学科主题学习特点，有条件的班级最后还可以举行"我的拿手好戏"艺术展示活动，让更多学生展示自己的艺术特长和学习成果。展示学习成果的两项活动以专辑编写为重点，贯串整个单元学习过程，这样更能体现语文课程的特性。

本单元学习还应该链接学生的生活实际和兴趣爱好，拓展阅读，借助跨学科学习活动认识更多的艺术形式，学习更多介绍艺术的方式。

（二）单元学习目标

根据单元学习主题和学习任务，制订本单元的学习目标如下。

1. 能通过预习、交流等，自主学会本单元生字新词。能正确、流利地朗读课文，背诵《伯牙鼓琴》，用自己的话讲《书戴嵩画牛》的故事。

2. 通过课文接触、认识艺术，能借助拓展阅读和艺术作品欣赏进行实践，初步了解艺术的主要类型，获得更多的艺术知识，感受艺术之美，提升审美能力。

3. 能对自己喜欢的一种艺术形式进行深入了解，在与同伴交流的基础上完成稿件撰写，提高表达能力。

4. 合作策划、编辑"艺术的魅力"专辑，召开"我的拿手好戏"艺术展示活动，展示艺术特长和学习成果，在实践活动中接受艺术熏陶，激发对艺术的兴趣。

【单元学习活动】

（一）单元学习思路

为使学生沉浸式地参与"欣赏艺术的魅力"主题学习活动，可以将整个单元的学习流程划分为五个阶段，用十个学时完成学习任务。

结合课文认识艺术，明确学习任务 〉 结合兴趣爱好，确定学习意向 〉 借助单元资源，学习写作方法 〉 完善评价标准，完成习作撰稿 〉 编辑作品专辑，展示艺术才艺

第一阶段：结合课文认识艺术，明确学习任务（一课时）

学习活动一：自学单元课文，了解课文介绍的几种艺术

学生通过预习，自主学习单元课文中的生字、词语，整体感知课文内容；通过课文介绍的美术、音乐、书法等艺术，对艺术概念有初步的认识。

设 计 意 图

六年级学生自学能力比较强，通过课前预习，自主阅读单元课文，

学习字词。通过自学课文接触美术、音乐、书法等艺术，认识课文介绍的几种艺术形式，从而对艺术概念有初步的认识，为后续学习做好准备。

学习活动二：发布学习任务，明确具体要求

在预习的基础上，聚焦单元人文主题，布置本单元学习任务——编写"艺术的魅力"专辑，要求班级全体同学围绕专辑主题撰写稿件。稿件内容须是介绍一种自己熟悉的艺术形式，抓住主要特点，介绍生动具体，让读者感受艺术之美，激发阅读兴趣。引导学生交流生活中自己熟悉的艺术形式，初步了解艺术类型和特点，并思考、讨论"完成任务时可能有哪些困难""需要搜集哪些相关资源"等问题。

设 计 意 图

通过真实、具体、明确的学习任务驱动学生开展单元学习，激发学生完成任务的兴趣，打开思维的空间，鼓励学生做艺术长廊的"设计师"，从单元学习伊始就引导学生明确学习任务和学习要求，思考对"如何更好地学习"进行自主设计、思考。

第二阶段：结合兴趣爱好，确定学习意向（一课时）

学习活动一：根据个人兴趣，初定学习意向

通过比较阅读，认识不同的艺术类型，形成对艺术的初步认知。结合自己的兴趣爱好，思考自己喜欢的艺术类型，并围绕自己喜欢的一种艺术开展课内外阅读和跨学科学习，初步确定个人单元学习任务。与同伴交流自己准备介绍的艺术形式，阐述喜欢的理由。

设 计 意 图

艺术的种类多样。对初步接触艺术的小学生而言，只要求做到对艺术有粗浅的认识即可。可以结合课文学习，梳理艺术的大致分类，以拓宽知识面；结合课文和自己在生活中对艺术的了解，选择并确定自己准备介绍哪种艺术。

学习活动二：梳理学习思路，发现共性问题

先由小组同伴讨论如何对"艺术的魅力"专辑文章进行评价，梳理具体的评价指标，然后在教师的指导下全班一起确定评价标准初稿。再结合评价标准，小组讨论完成本单元学习任务的大致路径，中间可能会遇到的主要困难。通过互相推荐相关的课外阅读资料，探索解决困难的思路。

设 计 意 图

明确学习任务的评价标准，依据评价标准分解学习步骤，使"教—学—评"一体化。同伴间通过交流讨论，分析学习过程中可能会产生的困惑，针对真困惑、真问题，寻找化解问题的方法，在实践中培养发现问题、解决问题的能力。

第三阶段：借助单元资源，学习写作方法（四课时）

学习活动一：学习《文言文二则》

依据注释自主读懂课文，与同伴一起讨论难懂的词句，交流解决不理解的问题。利用资料袋认识俞伯牙和锺子期两位精通音乐的艺术家，记住"高山流水""知音"两个典故的出处。在熟读课文的基础上背诵《伯牙鼓琴》，讲述《书戴嵩画牛》的故事。

设 计 意 图

文言文学习在小学阶段是一种特殊的学习，通过反复朗读，学生能理解文言文内容，熟悉文言文语言，积累文言文阅读经验。因此专门安排两课时完成两篇文章的学习，课后练习要求背诵和讲述文章故事，此处不再额外增加学习内容。

学习活动二：比较阅读，发现不同的选材角度

通过对课文的研读比较，发现以"艺术的魅力"为主题的文章可以从不同的角度选材和写作。《月光曲》和《伯牙鼓琴》主要写艺术家的故事；《京剧趣谈》抓住京剧表演的道具以及演员的动作亮相，直

接介绍京剧独特的表演形式；而《书戴嵩画牛》是写杜处士和牧童对名人作品的评论。从而认识几篇文章选择材料的不同方法。在此基础上，再结合学生生活经验和拓展阅读的体会，让学生知道除了以上几个角度，还可以从更多的角度选材撰文，以进一步扩大写作思路。

设 计 意 图

本次活动主要引导学生认识以"艺术的魅力"为主题的文章可以从不同的角度选材和写作。分两个层次进行指导。先通过课文的比较阅读，认识几种不同的选材和写作角度：写名人故事、写名家作品、抓住特点直接介绍；再结合生活经验和拓展阅读体会，探索更多的选材角度。这样可以拓宽学生视野，打开写作思路。

学习活动三：体会语言之美，表达艺术之美

《月光曲》和《伯牙鼓琴》通过联想和想象，把音乐转化成画面，用语言文字描写音乐旋律；《京剧趣谈》在介绍京剧这种独特的表现艺术时有非常精彩的描写。引导学生细读课文语言，通过品读点画，探索作者如何通过语言文字描写艺术之美，鼓励学生反复朗诵，做好摘录。最后再设计音乐作品或京剧表演片段欣赏的环节，尝试用语言文字表达音乐艺术之美或戏剧艺术之美。计划一课时完成。

设 计 意 图

几篇课文都以艺术为主题，包含着作者生动的语言表现力和丰富的想象力，值得学生细细品读并认真积累。在深入认识作者表达特点以后，再结合音乐、美术学科的知识，介绍自己欣赏作品的体会。这是专辑文章撰写的第一次热身准备，能很好体现跨学科学习的优势。

第四阶段：完善评价标准，完成习作撰稿（三课时）

学习活动一：总结学习体会，修订评价标准

引导学生总结前几个阶段阅读和表达实践的收获，在此基础上修订、完善撰写专辑文章评价标准，提出修改建议。可以组织学生先在小组内修订完善，接着在教师指导下全班讨论并修订。

设 计 意 图

学生参与制订本单元学习任务的评价标准。通过对评价标准修订的讨论，对文章选材角度、语言表达的要求等就能理解得更加清楚，会更加自觉地依据标准进行口语交际实践，并撰写专辑文章。修订标准也可以安排在口语交际之后，学生经过口语交际对标准的修订会更有发言权。

学习活动二：结合口语交际实践，表达艺术之美

通过对以艺术为主题的表达方法的学习，引导学生通过口语交际实践，将学到的方法运用到表达中。学生可以抓住书法艺术特点介绍书法艺术之美，或者介绍熟悉的书法家的故事，还可以介绍自己学习书法的感受，谈自己欣赏优秀书法作品的体会等。

设 计 意 图

学生先了解方法，再明确评价标准，然后在口语交际实践中迁移运用，这是为专辑文章撰写做的第二次热身准备。通过两次表达实践，学生对介绍艺术的方法有更加感性和深入的认识。这次口语交际的题目也可以由学生自由选择，可以介绍一种自己喜欢的其他类型的艺术，根据搜集的资料列出提纲再做介绍，这样可以直接为专辑文章撰写做充分准备，有利于提高文章的质量。

学习活动三：个人完成撰稿，轮转修改稿件

借助评价标准，独立撰写文稿。这是本单元的重点任务，每个学生必须认真完成。然后借助评价标准在小组内互相评价，提出修改建议。再推荐小组内写出最优稿件的作者轮转到其他小组分享交流，听取修改建议，最后对稿件进行修改。

设 计 意 图

为提高文稿撰写质量，安排两个课时撰写专辑文章和点评、修改

文章。文章完成后，先在小组内互相交流，点评修改，推荐优秀作品；然后写出最优作品的作者在各小组之间轮转分享优秀作品，通过更大范围的点评分享，让更多学生看到优秀作品的闪光点，寻找差距。经过充分的分享点评，再修改自己的文章，能够最大程度优化稿件质量，学生在分享交流中能获得更多收益。

第五阶段：编辑作品专辑，展示艺术才艺（一课时）

学习活动一：展示优秀作品，合作编辑专辑

设计、布置班级宣传栏，展示每个学生的作品，然后全体投票，择优汇编"艺术的魅力"专辑。最好能将专辑装订成册，或者在网上发表。如果能够请优秀作品撰写者分享"表达秘籍"，效果会更好。

（设）（计）（意）（图）

在真实的学习情境中展示学生真实的学习成果，通过作品发布、优秀作品评选和专辑编辑等，激发学生学习的兴趣和主动学习的积极性。通过分享优秀学生的"表达秘籍"，激发智慧的火花，交流有效的学习经验。专辑编辑活动安排在课外进行，可以招募志愿者参加。课内安排学生阅读学生作品，并投票推荐。

学习活动二：召开"我的拿手好戏"艺术展示活动

整理单元学习过程中搜集的各种资料，选择优秀艺术作品进行展示，包括搜集的书法作品，名家美术作品，音乐、舞蹈影像资料等，还可以进行戏剧表演、艺术家故事展演等。

（设）（计）（意）（图）

如果有时间可以组织艺术展示活动，能够让更多学生全方位展示自己的学习成果，更大程度接受艺术熏陶，从而激发学生对各种艺术浓厚的兴趣。这个活动可以安排在班队活动时间，无须占用语文课教学时间。

学习活动三：单元学习总结，表彰评优

1. 全班学生推荐并评选专辑最佳作品和最佳编辑。

2. 评选表彰"我的拿手好戏"艺术展示活动中"最有潜质的未来艺术家"。

设 计 意 图

通过展示和评选活动，学生主动反馈、总结自己和同伴的单元学习成果，取长补短，激发学习的主动性和积极性。

（二）单元学习规划

课时	学习目标	学习内容	学习活动	学习资源
第一课时	1. 自主学习课文字词。 2. 整体感知单元课文内容，对艺术概念及种类有初步印象。 3. 知道本单元的具体学习任务。	1. 本单元三篇课文。 2. 检查课文生字新词预习质量。 3. 每篇课文涉及的艺术种类。	1. 布置课前预习要求：阅读本单元课文，学习单元课文中的字词。 2. 借助单元学习资源单，了解课文内容。 3. 交流检查本单元三篇课文预习情况，提出问题。 4. 梳理每篇课文涉及的艺术类型，并结合自己的生活经验，交流还知道哪些艺术种类。 5. 师生讨论本单元的学习任务，明确完成学习的基本要求。	课文《文言文二则》《月光曲》《京剧趣谈》
第二课时	1. 通过比较阅读，认识、梳理不同的艺术类型，初步了解美术、音乐等艺术的特点。	1. 思考讨论自己感兴趣的艺术种类。 2. 讨论撰写"艺术的	1. 阅读本单元三篇课文，交流自己认识的艺术类型和特点。 2. 结合自己的生活经验和搜集的资料，思考选择自己喜欢的艺术类	课文《文言文二则》《月光曲》《京剧趣谈》以及结合个人兴趣搜集的有关艺术的

续表

课时	学习目标	学习内容	学习活动	学习资源
第二课时	2. 结合自己的兴趣爱好，确定个人的学习意向。 3. 初步讨论制订评价标准。	魅力"专辑文章的评价标准。	型，确定介绍意向；与小组同伴交流喜欢的艺术类型，阐述喜欢的理由。 3. 初步讨论撰写"艺术的魅力"专辑文章的评价标准。 4. 根据评价标准，小组同伴讨论，构思单元学习的路径和可能会遇到的困难。推荐相关的课外阅读资料。	阅读资料
第三课时	1. 学习文言短文，正确流利朗读课文，背诵课文。 2. 借助注释，理解文言词句，读懂故事内容。	文言文《伯牙鼓琴》，重点关注注释。	1. 反复朗读，读熟读懂课文，根据注释自主理解难懂的词句。通过同伴交流解决不理解的问题。 2. 读读资料袋，认识俞伯牙和锺子期，记住"高山流水""知音"两个典故的出处。 3. "伯牙破琴绝弦，终身不复鼓琴，以为世无足复为鼓琴者。"说说这句话的意思。 4. 课外朗读并背诵课文。	课文《伯牙鼓琴》、古筝演奏的《高山流水》录音或影像资料
第四课时	1. 学习文言短文，正确流利朗读课文。 2. 借助注释，理解文言词句，读懂故事内容。	1.《书戴嵩画牛》及注释。 2. 优秀美术作品的赏析文章。	1. 正确流利朗读课文，借助注释读懂内容；同伴交流，解决不理解的问题。 2. 用自己的话讲述《书戴嵩画牛》的故事。 3. 阅读几篇优秀绘画作品赏析文章，了解作者是如何欣赏绘画的。	课文《书戴嵩画牛》、描绘牛和斗牛的美术作品、介绍美术作品的浅显文章若干篇

续表

课时	学习目标	学习内容	学习活动	学习资源
第五课时	1. 结合课文研读，发现撰写"艺术的魅力"这类文章可以从不同的角度选择材料。 2. 结合生活经验和拓展阅读体会，探索更多的选材角度。	《月光曲》《京剧趣谈》《伯牙鼓琴》《书戴嵩画牛》。	1. 自读课文，根据学习卡1分析各篇文章在材料选择角度上的相同与不同之处。 2. 与同伴交流分享自己发现的四篇文章在材料选择上的区别。 3. 小组合作讨论：结合课文说说撰写艺术的魅力这类文章，你认为可以从哪些角度选择材料？ 4. 小组合作讨论：结合生活经验和拓展阅读的体会，你认为除以上几个角度，还可以从哪些角度选择材料？ 5. 各小组派代表用板书交流分享选择材料的不同角度，师生共同梳理总结。	学习卡1、四篇课文、介绍各种艺术的拓展阅读资料
第六课时	1. 体会作者用语言文字描绘艺术之美的表达方法。 2. 画出并积累课文中精彩的语句，说出自己喜欢的原因。 3. 欣赏乐曲，尝试用语言文字描述艺术作品之美。	1.《文言文二则》《月光曲》《京剧趣谈》。 2. 优秀音乐作品或京剧演出剧目的音像资料。	1. 结合《月光曲》课文插图"看画面—听乐曲—读文中相关语句"，体会作者是如何通过联想和想象，把音乐转化成画面，用语言文字描写音乐旋律的。 2. 阅读《伯牙鼓琴》，找出文中描写琴声的句子，说说两篇课文描写琴声有何相同之处。 3. 阅读《京剧趣谈》，你最欣赏课文中哪些精	课文《月光曲》和课文插图、贝多芬创作的《月光曲》录音或影像资料、京剧演出剧目（片段）影像资料（最好是剧情好懂，学生比较熟悉的）

续表

课时	学习目标	学习内容	学习活动	学习资源
第六课时			彩的描写，画出来与同伴交流，并说出欣赏的理由。 4. 摘录课文中精彩的语句或段落描写，多读几遍，最好能背下来。 5. 欣赏音乐作品或观看京剧演出片段，尝试用语言文字表达音乐艺术之美或戏剧艺术之美。	
第七课时	1. 认识书法艺术的主要特点。 2. 搜集整理资料，列出口语交际交流提纲。 3. 抓住特点，有条理地介绍自己对书法艺术的认识和体会。	1. 总结前期学习收获，参与修订、完善撰写文章的评价标准、开展小组探究和班级讨论。 2. 学习口语交际"聊聊书法"，搜集有关书法艺术的资料。	1. 课前围绕书法家介绍、书法作品欣赏、自己学习书法的感受等，选择一两个角度搜集资料。 2. 根据搜集的资料，选择确定从哪个角度介绍书法艺术：书法家的故事、书法艺术特点、优秀书法作品等。 3. 列出介绍书法艺术的提纲，先在小组内交流，互相提出建议。 4. 有条理地向小组同伴或全班同学介绍书法艺术的魅力，用语言文字描绘书法艺术之美。	教材提供的口语交际"聊聊书法"、自己感兴趣的有关书法艺术的资料
第八课时	1. 继续完善本单元学习任务的评价标准。 2. 根据之前的阶段学习体会，完成文章撰写。	讨论并进一步完善评价指标。在此基础上更好地完成个人文章撰写。	1. 回顾之前学习和实践活动的体会，再次共同修改、完善本单元学习任务的评价标准。 2. 根据评价标准，当堂完成"艺术的魅力"专辑撰稿。	介绍各类艺术的资料、本人在欣赏各类艺术时完成的文章或介绍提纲

课时	学习目标	学习内容	学习活动	学习资源
第九课时	1. 对照评价标准，小组同伴轮转点评、提出意见。 2. 修改撰写的稿件。	1. 评价本人和小组同伴撰写的稿件，并选择、推荐优秀稿件。 2. 根据同伴提出的意见修改自己的稿件。	1. 小组内交流，借助评价标准进行评价，提出修改建议，进行修改。 2. 推荐小组内写出最优稿件的作者轮转到其他小组进行交流，继续修改。 3. 在班级中展示经过轮转修改的各组最优稿件，大家共同借助之前制订的评价标准进行评价，进一步提出修改建议。 4. 分享轮转修改和共同讨论的经验，进一步对自己的撰稿进行修改。	本人和小组同伴撰写的稿件、各小组推荐的优秀稿件
第十课时	编辑"艺术的魅力"专辑。	编辑"艺术的魅力"专辑。	1. 设计、布置班级艺术长廊，展示全体学生的作品。 2. 推荐、评选优秀作品，编辑"艺术的魅力"作品专辑。	班级同学撰写的优秀作品、搜集的优秀作品和介绍资料
班队活动课	1. 用多种方式展示单元学习成果。 2. 在跨学科学习实践中接受艺术欣赏的入门教育。	1. 艺术展示活动。 2. 评优。 (建议在班队活动课上进行，不占用语文课时)	1. 结合单元学习成果，举行"我的拿手好戏"艺术展示活动。可以是书法作品、美术创作、音乐舞蹈表演、戏剧演唱等。 2. 评选最佳作品、最佳编辑和最有潜质的未来艺术家。	艺术展示活动服装、道具和各种材料

【持续性评价】

序号	评价目标	评价任务	评价标准	评价方式
第一阶段	1. 自主学会单元课文中的生字新词，读懂课文内容。 2. 明确本单元个人学习任务，做好学习准备。	1. 检测单元课文的预习质量。 2. 确定单元三篇课文的艺术类别。 3. 明确单元学习任务和要求。	1. 知道《伯牙鼓琴》《月光曲》是写音乐家的故事，《书戴嵩画牛》是关于画的故事，《京剧趣谈》是写戏剧艺术的特点。 2. 知道单元个人学习任务和具体要求。	结合单元学习单，小组交流预习情况
第二阶段	1. 个人确定单元学习意向。 2. 初步制订介绍艺术的评价标准。 3. 知道本单元学习的思路。	1. 制订个人的单元学习规划。 2. 集体讨论的介绍艺术的评价标准。	1. 个人单元学习规划合理、有效。 2. 能说出主要的艺术种类及特点，知道评价标准。	1. 同伴交流个人搜集的资料 2. 小组合作或全班交流，相互评价
第三阶段	1. 认识通过与艺术有关的故事介绍艺术家或有关艺术的方法。 2. 知道抓特点这种直接介绍艺术的方法。 3. 尝试运用学到的方法介绍艺术作品，积累表达经验。	1. 课文《书戴嵩画牛》《伯牙鼓琴》《月光曲》介绍艺术的写法。 2. 课文《京剧趣谈》介绍艺术的写法。	1. 能结合课文说出介绍艺术的几种方法，发现它们的不同之处。 2. 欣赏艺术作品，能尝试运用学到的方法介绍这件艺术作品。	1. 在小组内或师生讨论中发言 2. 在口语交际实践中运用介绍艺术的方法做交流

续表

序号	评价目标	评价任务	评价标准	评价方式
第四阶段	1. 运用学到的方法介绍书法艺术。 2. 完善专辑投稿的评价标准。 3. 对照评价标准，个人撰稿并修改。	1. 口语交际，介绍书法艺术。 2. 专辑投稿的评价标准。 3. 个人撰写稿件。	1. 自觉运用抓特点的方法介绍书法艺术或自己喜欢的艺术。 2. 在小组或班级讨论中发言，结合阶段学习体会，指出原评价标准中的不足，并提出修改建议。 3. 能对照修改后的评价标准完成自己的习作。 4. 检查、修改习作。	1. 小组或全班讨论原评价标准并修改完善 2. 完成、检查并修改个人习作
第五阶段	1. 汇编有一定质量的专辑。 2. 能用多种方式展示单元学习成果。	1. 个人及伙伴撰写的高质量的专辑文章。 2. 艺术展示活动中的节目。	1. 能主动参与专辑编辑工作，并发表意见。 2. 积极参与"我的拿手好戏"艺术展示活动，能主动提供或推荐高质量的节目。	评选最佳作品和最佳编辑

重要的评价工具

专辑文章评价标准（第二课时、第八课时）

第二课时初步制订专辑文章评价标准，第八课时总结课文学习和口语交际练习收获，修改完善评价标准。以下评价标准可作为参考。

序号	评价内容	自我评价	伙伴评价
1	文章内容符合专辑的主题。	☆☆☆☆☆	☆☆☆☆☆
2	能多种途径搜集材料，写出这类艺术的主要特点。	☆☆☆☆☆	☆☆☆☆☆
3	语句通顺连贯，表达生动，有想象力。	☆☆☆☆☆	☆☆☆☆☆

续表

序号	评价内容	自我评价	伙伴评价
4	选择的内容有吸引力，能激发读者兴趣。	☆ ☆ ☆ ☆ ☆	☆ ☆ ☆ ☆ ☆
5	主动与同伴交流，对同伴文章提出修改建议，并参考同伴建议进行修改。	☆ ☆ ☆ ☆ ☆	☆ ☆ ☆ ☆ ☆

从不同的角度选择材料学习单（第四课时）

结合课文研读，联系自己的生活经验和拓展阅读资料，完成表格内的思考题，填写后分别进行自我评价和同伴评价，然后根据同伴或全班意见做适当修改。

学习环节	评价内容	自我评价	同伴评价
1	1. 阅读思考各篇课文材料选择的视角。 A. 比较《伯牙鼓琴》和《月光曲》材料选择上有何相同之处。 B.《书戴嵩画牛》也写了一个故事，这个故事与前两个故事相比有何不同之处？ C.《京剧趣谈》这篇课文在材料选择方面与前几篇课文有何不同之处。	☆ ☆ ☆	☆ ☆ ☆
2	2. 结合课文学习，你认为写这类文章可以从哪些角度选择材料？	☆ ☆ ☆	☆ ☆ ☆

学习环节	评价内容	自我评价	同伴评价
3	3. 结合个人经验和拓展阅读资料，你发现写这类文章还可以从哪些角度选择材料？ _____ _____ _____ _____	☆ ☆ ☆	☆ ☆ ☆

【教师反思】

（一）设计特色

"欣赏艺术的魅力"跨学科学习任务群设计有机融合了语文、美术、音乐等学科知识和技能。学生在真实的学习情境中，通过跨学科学习，提升文化自信，真切感受到自己的审美鉴赏、思维能力与语言表达能力的拔节生长。

教师通过对学生前测情况的分析，发现学生对艺术概念不了解，对艺术有哪些种类也不太了解。因此，要完成单元学习任务，较好地介绍一种自己喜欢的艺术，对小学生很有挑战性。教学中，在学生明确学习任务以后，教师要引导学生思考、讨论学习过程中可能出现的问题——该从哪些角度介绍艺术？用什么方法介绍艺术？如何较好地介绍一种艺术形式等。当学生了解了解决问题的流程和思路，认识到自己完成任务会遇到什么困惑之后，就能主动地探寻问题解决的途径和方法，有效激发学习的动机。

整个单元学习由学生实践活动构成。为帮助学生顺利完成为"艺术的魅力"专辑提供稿件这一任务，我们设计了一系列渐进式的学习活动：先结合课文学习，认识选材的角度，并探索作者语言文字描写艺术之美，帮助学生从课文和拓展阅读中学习、体会文章的表达方法；接着安排了两次表达活动，为学生单元学习任务的完成做好热身准备；稿件完成后再安排同伴点评、修改，以进一步提高学生习作的质量。

这一学习任务群要求学生撰写并编辑"艺术的魅力"专辑，还以举行"我的拿手好戏"艺术展示活动展示单元的学习成果。在重视过程性评价的同时，也重视终结性评价，最终以专辑最佳作品、最佳编辑和最有潜质的未来艺术家评选活动，对表现突出的学生进行表彰，进一步激发学生对艺术的兴趣。在完成单元学习任务的过程中，学生既要运用语文学科的知识和技能，又要综合运用美术、音乐等学科学到的本领，打通了语文学科与其他学科的内在联系，较好地实现了跨学科学习的目标。

（二）教学反思

在本学习任务群实施过程中，设计者和执教者也发现了一些值得继续关注和研究的问题。如在单元学习结束后，仍有个别学生在习作中暴露出逻辑层次不够清晰、词汇贫乏、语句不够通顺等问题。说明语文基本功教学仍须十分重视。反观课堂，在学生做好充足的艺术知识、语料、表达方法储备后，还需要给出充分的时间进行交流与研讨，也要强化习作后学生的互评、互改，以帮助学生突破语言表达上的难点。

（三）改进设想

应在学生学习过程中增加综合实践体验力度。如在《京剧趣谈》的学习中，可让学生听京剧、学唱京剧，亲身感受京剧艺术。如果能请专业教师或有这方面特长的家长参与到学习过程中去，效果会更好。

"跨学科主题学习——欣赏艺术的魅力" 第四课时教学流程

学习目标	1. 结合课文研读，发现撰写"艺术的魅力"这类文章可以从不同的角度选择材料。 2. 结合生活经验和拓展阅读体会，探索更多的选材角度，培养创造性思维。

续表

教学环节	学习活动	评价要点
环节1：分辨各篇课文材料选择视角	1. 自读课文，思考分析： A. 比较《伯牙鼓琴》和《月光曲》材料选择上有何相同之处。 B.《书戴嵩画牛》也写了一个故事，这个故事与前两个故事比较有何区别？ C. 比较《京剧趣谈》这篇课文在材料选择方面与前几篇课文的不同之处。 2. 完成学习卡2第一题：分辨各篇课文材料选择视角。 3. 交流分享自己发现的四篇文章在材料选择上的区别。	题A：《伯牙鼓琴》和《月光曲》都是写关于音乐艺术的故事，写的都是名人故事。 题B：《书戴嵩画牛》是写名人的作品，是对作品的评论，文中人物杜处士和牧童都不是名人。而前两个故事都是名人故事。 题C：《京剧趣谈》选的是京剧的道具、演员动作亮相等，是从几个方面介绍京剧表演艺术的特点。不是讲一个故事，与前几篇文章在材料选择上有明显的区别。
环节2：分享交流阅读体会	小组合作讨论： 1. 通过几篇文章的学习，你发现撰写以"艺术的魅力"为主题的文章可以从多个不同角度选材并撰写。你认为写这类文章，可以从哪些角度选择材料？ (可以选择名人故事，可以选择名家的作品，还可以抓住某类艺术的特点从几个方面做直接介绍。) 2. 根据小组讨论意见，个人填写学习卡2第二题：从课文中发现，可以从哪些角度选择材料？ 3. 自我评价并同桌交流。	可以从以下几个角度选择材料（至少写出两个角度）： 1. 选择名人故事。 2. 选择关于名家作品的故事。 3 抓住某类艺术的特点，从几个方面直接介绍。

教学环节	学习活动	评价要点
环节 3：继续探讨文章的选材角度	个人思考： 1. 结合生活经验和拓展阅读的体会，你认为除了以上几个角度，还可以从哪些角度选择材料？ 2. 小组合作讨论，梳理自己想到的选材角度。 3. 根据小组讨论意见，个人填写学习卡 2 第三题：还可以从哪些不同角度选择材料？ 4. 自我评价并同桌交流。	还可以从以下角度选择材料： 1. 某类艺术的源流。 2. 某类艺术的特点。 3. 名人的生平事迹点滴。 4. 某类名家作品的赏析。 5. 自己学习某种艺术的经历等。 通过小组合作讨论，至少写出 1 个以上选择材料的角度，评价哪个学生选材角度有创意。
环节 4：本次习作选择材料不同角度的梳理总结	1. 结合学习卡 2，先个人梳理总结。 2. 各小组派代表到黑板上板书选择材料的不同角度。 3. 全班交流分享，师生共同梳理总结。 4. 根据交流体会，对自己的学习卡 2 进行修改。完成后同桌交流分享。	

附　　录

附 录 一

主要术语或重要内容索引

附 录 二

深度学习区域推进基本思路①

课题研究是教育改革发展的需要、改变教育现状的需要，也是人才培养的需要。在推进课题研究的过程中，有效的机制、策略是重要的保障。在北京市海淀区小学语文"基于深度学习视野下阅读教学改进研究"课题推进的过程中，我们提炼出一些可行的策略，如课题研究之初的"目标认同，促研究聚力"，课题推进过程中的"过程跟进，促深度持续""教研创新，促成果转化"。这些策略为持续的研究提供了有力的支持和保障，更好地促进了区域教学与教师的高位发展。

回顾课题组的研究历程发现，这是一个逐渐清晰与深化的过程，也是一个逐步认识语文课程本质与学科本质的过程，更是一个逐渐聚焦与践行的过程。在这几年里，项目组成员的一些想法与做法助力着教师的成长，也助力着研究者不断靠近最终的目标。

一、目标认同，促研究聚力

目标是活动的预期目的，是所有工作的核心，如同北斗星，不仅指明了前进的方向，也是大家形成凝聚力的内核，更是后期决策标准和反思改进的依据。同时它又是一种主观意识形态，如何让这样的意识达成共识，形成合力，是做好团队研究的首要任务。

因此，在课题组成立之初，我们首先组织几个实验校共同研讨课题开展的目的、价值、意义和目标，从最初宏观上认同课题研究是为了促进学生的发展，到跟进并研究课改中的关键问题，再到最后聚焦

---

① 北京市海淀区教师进修学校柏春庆撰写。

语文教学中问题最突出的阅读领域，是对目标逐步细化的过程，也是对课题价值不断深化的过程。

由此可以看到，从课题的价值和特点出发，做课题之初，首先要想明白课题"要做什么""为何做""怎样做""做得怎么样"这几个基本问题，将大目标拆解成不同水平的、不同维度的、可操作的小目标，设计与目标相匹配的系列活动，并且要确定实现目标的基本要求与评价标准，以此提高课题的计划性与研究的系统性。同时，在研究的过程中，随着理解与实践的不断深入，要根据需要对部分目标或行为进行适当调整，使其更贴近最初的设想，由此让目标的导向性发挥更大作用。

除去从事上想，还要考虑人的感受和作用。因此，目标的制定要由团队成员共同商议，形成彼此认同的价值观念与共同愿景。这样才有利于后期项目组核心成员付出足够的热情，也更有利于他们为实现目标尽力而为，充分调动自身的潜力和创造力，使之产生成就感和满足感，进一步增强参与研究的热情与创造力，形成良性循环。

二、过程跟进，促深度持续

整个课题推进的过程伴随着学习、实践、反思与改进，是逐步发展与深化的过程。

（一）持续学习，促深度理解

在课题开展之初，对核心概念的理解与定义极为重要，解决"是什么""怎么样"这些基本的认识问题尤为重要。于是，我们邀请项目组专家从不同视角解读此项目的具体内涵。

除此之外，每一次课题组召开的会议、发表的相关文章都成为我们学习的资源，我们对项目的认识也越来越深刻。从最初听学科专家强调"是学生的深度而不是教师的深度"，到理解专家对核心概念的解读，再到最终在专家的引领下系统认识主题、目标、活动和评价的内涵与关系，并形成我们自己对阅读素养的关键定义，也梳理出学生各学段核心阅读能力的进阶表现，阐释和丰富了深度学习的内涵和外延。

在学习理论的过程中，我们逐渐形成了"理论学习—实践研究—反思探讨—导向学习—二次实践—分层推广"这样的研究模式，保证理论学习的深刻性与适用性。

（二）案例载体，促深度实践

对案例的开发是我们理解深度学习内涵特别重要的路径，不断开发和完善案例的过程正是理论不断提升的过程。对案例的研发，我们大致经历了三个阶段。

起始阶段——如法炮制阶段。这个阶段我们严格按照深度学习的四要素进行系统设计，聚焦一个单元，各实验校共同研磨一个案例。看似涉及面不宽，一学期才出一个案例，但正是在这个阶段我们所做的模仿与研究、产生的争论与达成的共识，为大家深刻理解四要素（即教学设计的四个核心要素）的基本内涵、基于四要素设计能够促进学生深度学习的理想案例奠定了坚实的基础。于是，这个案例成为课题组的研究范例，为开展后续研究提供了重要依据。

中间阶段——举一反三阶段。有了之前的学习和研讨，大家基本达成了共识。于是，我们将目光投向课程改革中的关键问题：语文学科实践活动、语文教学与信息技术的整合、整本书研究等。这些课改热点、难点问题推动着各实验校根据之前的范例自主研发案例，并落实在课堂实践中。于是，看案例、观察课堂、研讨反思、修改完善、再次实践就成为这个阶段的工作常态。这个时期是我们案例数量的高产期，平均每个学校每学期都能研制出3—4个比较成熟的案例，为我们后期的聚焦提供了思考的路径。

最佳阶段——对症下药阶段。随着项目成员对案例研究的热情高涨，我们开始思考一个话题：这些案例每个都很好，都指向一个关键问题，但研究的持续性和深入性似乎不够，并没有使这些关键问题得到真正解决。冷静思考之后是再一次聚焦与起航，我们调整思路，从评价出发，从宽处向深处着眼，从年级横向同步研究延伸到年级纵向进阶研究，从热点话题的讨论扩展到对疑难问题的解决。聚焦平时课时最多却备受诟病的阅读教学，研究学生阅读能力提升的基本规律及有效路径，这样的话题指向的是教学中的真问题、难问题，案例的研发更有针对性和实效性。

正是这样从最初的模仿到自己创造，再到真正解决关键问题，看似简单的案例研发，其实是对教学、对学生不断理解的过程，也是对课题价值不断深化的过程。

（三）项目整合，促本质理解

任何一个课题的研究都不是孤立的，深度学习同样如此。在研究过程中，我们有意识地将之前参与的多个项目有机融合，促使研究更深刻、更广泛。

在制定目标时，我们以课程标准和海淀区教师进修学校小学教研室自主研制的学业标准项目为依据，衡量度的把握；设计活动时，我们将学科实践活动的理论与实践作为参考，搭建设计的桥梁；突破评价难点时，我们把表现性评价和五年级、七年级评价的成果引入其中，检测质的达成度。正是这样的交融与贯通，使之前的研究成果发挥了更好的作用，也使正在进行的研究在较高的起点上生发出更多的活力，扩大了研究的张力与创造力。

（四）制度保障，促研究有序

制度是指大家共同遵守的办事规程或行动准则，它是保障研究按计划、按要求达到预计目标的做事准则。在研究过程中，我们建立了定期研讨制度、关键问题认领制度、课堂实践轮流制度以及课题档案制度、成员贡献制度等。例如，我们将想解决的核心问题拆分成小问题，每个实验校领取一个关键任务，从文献梳理、理论学习、确定主题、设计方案、课堂实施、改进提炼等多个环节进行研究，最终形成可操作的研究范式。

这些共同制定的制度既对彼此的行为具有指导性和约束性，又使研究的方式、方法具有规范性和程序性，在实施的过程中，又生发了鞭策性和激励性。制度虽然是刚性的，但整个研究是充满温情的。

三、教研创新，促成果转化

随着研究不断成熟以及成果的不断涌现，我们将推广的范围逐步扩大，从 6 所实验校推广至全区，在研修内容和研修形式上都做了相应的努力。

首先，在研修内容上，我们从深度学习的理论、内涵出发，结合课堂实践做了具体阐释，并针对此内容设计了海淀区小学语文"5+M+N"的研修课程，形成了专业化、可选择、有针对性的学科区域系列研修课程，如下图所示。

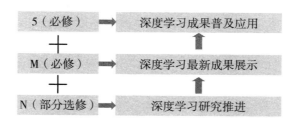

其次，在研修形式上，我们也做了精心考虑，针对不同群体采用不同的研修形式：对于核心团队成员，我们坚持集中研修，持续提升理论学习与实践研究的水平，做好"凝聚者"；对于实验校的教师，我们对其采用浸入式研究培训，做好"完善者"；对于普通教师，我们持续设计了一系列工作坊式的学科研修活动，做好"推进者"。

最后，我们也注重在不同的平台上将研修成果推广出去，倾听来自不同方面的声音，为进一步的研究助力。例如，我们的实验校干部和教师在教育部深度学习教学改进项目实施交流会上做专题发言、现场课展示，两次申请主办市级现场会，两次结合专题做跨区域交流，两次在实验校召开现场会，发表了系列文章。这一系列的活动既是展示，更是在汲取，逐步增强了我们的研究自信，专家的肯定成为我们前进的动力，他们的质疑与顾虑也为我们指明了改进的方向。就这样，在课题引领下，成果推广活动打通了我们的工作路径，提升了研修品质。同时，在研究的过程中，提升了教师的课程育人能力，促使他们在学科素养、课程观念、学生观念上发生了转变，助力他们由实验型教师向科研型教师转变；教师的高端发展也有力地促进了学生学习方式的转变以及语文核心素养的有效达成。

现有这些策略和方法为我们的持续研究提供了有力的支持和保障，已形成的成果看似并不完美，但是极具生长性。这种生长性不是经验的僵化，而是经验的萃取；不是研究的终结，而是研究的动力；不是浅层的收集，而是深度的构建。沿着前期研究的思路，利用成果库，我们将一路前行，保障研究的持续深入，更好地促进区域教学与教师的高位发展。

附 录 三

深度学习校本推进经验①

"为每一个孩子创造成长的机会"，是北京市海淀区中关村第四小学（简称中关村四小）课程建设的基本观点。"为每一个学生的学习提供支持，促进学生高质量的学习"，是中关村四小课程研究探索的方向。深度学习教学改进项目正是将儿童的经验和视角作为课程设计与实施的出发点。在这个项目中，教师作为课程引领者，引领学生围绕具有挑战性的学习主题，全身心积极参与、体验成功、获得发展。

一、小荷初绽，破冰之旅

（一）遵循团队建设规律，集中攻坚，策略先行

《把时间当作朋友》一书里，作者提出：我们为什么不进步，是因为我们习惯性地处在舒适区看待问题，因为只有这样，我们才能获得自尊上的认可。其实，对于一个人来说，最理想的状态是处于学习区，学习具有适当挑战性的东西。作为具有丰富经验的语文教师，我们对每一篇课文精讲细读就是职业发展的舒适区，然而为了实现深度学习的目标，遵循老路显然无法帮助学生形成复杂情境下解决问题的能力，无法建立学习与生活的联系，无法使学习真正发生。

借助深度学习教学改进项目的开展，学校让一部分既有成长意愿又有研究能力的项目组成员先行动起开，首先打破教学舒适区，开始了小范围的破冰之旅。我们确定的"先头部队"是二年级，二年级语文组围绕语文学科核心内容，设计并实践了"遇见春天，游学自然"

---

① 北京市海淀区中关村第四小学李晓琪、夏敬萱撰写。

主题单元。

我们在一个年级开展研究,采取的是集中攻坚策略,遵循的是团队建设的基本规律。我们都知道想要变革和变化一开始就采取小步前进的方式可以应对潜在的风险和可能的失败。积累一些小成果可以让团队成员产生信心,去面对更大的挑战,从而使成员在较长一段时间内做出更大的贡献。

(二)打造"样板间",引领团队发展

在集中攻坚思路下,我们在二年级开展了为期三个月的研究,研究经历"确定单元学习主题—确定单元学习目标—学习活动设计—学习活动课时安排—学习过程评价—教学效果评价"六个阶段。在实践的同时,我们积累了一系列流程化、可操作的研究路径,使二年级的课例成为可推广、可复制的"样板间"。

1. 确定单元学习主题

学习主题的设计是在聚焦课标、研究教材、分析学生的基础上,确定明示学生、贯串单元教学全程的学习主题,以激发学生探求未知的渴望,引导学生建立有组织的知识网络、经历有明确意义的学习过程。确定单元学习主题的三个依据是课程标准和教材内容、学生学习经历、学科基本思想与方法。

2. 确定单元学习目标

根据学习主题的定位,我们确立的单元总体目标如下:

①学习两个单元的课文,综合运用归类、比较等方法认识单元中出现的生字,结合上下文初步理解课文中重点词语的意思,感受文章所表达的对山水美景的喜爱之情,积累优美词句。

②拓展阅读,丰富对山水的认识,增强亲近自然的感情。

③链接生活,在登山、划船等自然实践活动中感受山水之美,体验纵情山水之乐。

④合作探究，利用书籍、网络资源，了解更多关于山水的文化，用图画或者文字、表格等方式记录下来，并和同伴一起分享展示。

⑤能够运用所学的知识和方法，用书面形式表达和分享纵情山水的美景。

以上学习目标的确立，很好地体现了学习过程循序渐进的特点以及进阶式的过程，如下图。

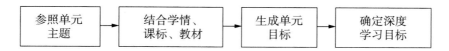

参照单元主题 → 结合学情、课标、教材 → 生成单元目标 → 确定深度学习目标

3. 学习活动设计

在"遇见春天，游学自然"这个大主题下又根据单元学习的不同内容，分成了三个分主题：第一个是与第三单元《春风》相配合的"寻找春天的脚印"；第二个是与第四单元《植树》相配合的"树真好"；第三个是与《青青的山》和《清清的水》这两个单元相配合的"纵情山水间"。

学习活动设计依据单元学习主题、深度学习目标、单元学习内容，以及学生已有的知识和经验进行，设计以基于解决关键问题的体验性学习活动为主，引导并帮助学生体验、经历、发现知识的过程，促使学生在活动中展示他们对事物的新认识，呈现他们的思维特点。

4. 学习过程评价

深度学习也像其他学习一样，需要评价。合作之前的分工是否合理？每个成员是否都积极参与了？采用了哪些形式来收集信息？记录了吗？在展示的时候是否有与众不同的创意？这些都不是仅仅靠最后的结果和作品就能做出评价的。因此，我们设计了合作以及实践活动的评价表，关注学生在活动过程中的表现，帮助他们进行自我评价和管理，关注了合作态度和行为的引导，用评价促进学生合作意识和合作能力的发展。

二、案例引领，使众人行

《遇见春天，游学自然》这个深度学习课例带给我们的长远启示是它突破了小学语文教学中普遍存在的就教材教语文，只关心课文内容教学的旧习惯。根据学生语文核心素养形成和发展的需要，整合现有教材的内容，以教材中的课文为素材，引导学生学会观察、体验、理解、表达、合作和分享，在学习运用语言的过程中，发展语文核心素养，促进核心素养的整体提升。

以《遇见春天，游学自然》课例为"样板间"，不同年级的教师开始尝试根据学生语文核心素养形成和发展的需要，整合课内外资源，重构学习内容。

例如，四年级就尝试进行两个课例的设计——综合实践单元《地名》以及主题阅读单元《大与小》。这两个课例秉承的是《遇见春天，游学自然》结构化教学、让思维可视的基本思想。从这两个单元的教学结构可以看出，无论是综合实践单元的学习，还是主题阅读单元的学习，均遵循了从输入到输出的规律，并且教师着意为学生的学习提供较为丰富的资源，试图帮助学生在建构的过程中获得新知，学会学习。

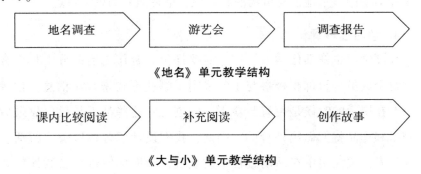

地名调查　　游艺会　　调查报告

《地名》单元教学结构

课内比较阅读　　补充阅读　　创作故事

《大与小》单元教学结构

同时，我们关注如何通过学习活动发展学生思维。教师设计了一系列学习单，以此作为学生学习活动的脚手架。学习单的提供为学生创造了充分与文本对话、与作者对话的机会，在填写学习单时，调动学生已有学科关键能力，在解决认知冲突的过程中，发展新的学科关键能力。

在《遇见春天，游学自然》课例引领下，我们开始了自己的研究之旅，积累了部分课例。这些课例均较好地体现了深度学习的观念，延续了《遇见春天，游学自然》课例的研究思路，借鉴了研究方法。但是，随着案例的积累，我们也发现案例之间、学段之间还需要联系起来，系统设计。于是我们的研究从单个案例转向关注一至六年级整体的学业目标。新一轮即 2017 年 3 月到 2017 年 7 月的研究路线如下。

①经验梳理：教师梳理各学段学生在各学习领域的学业水平最佳表现和基础表现，即学生能做什么。

②理性分析：学生现有学业水平表现与《语文课程标准》《海淀区义务教育学业标准与教学指导》中标准的匹配程度；学段与学业表现之间的联系；基于经验梳理及理性分析，整理出中关村四小学生学习学业水平标准。

③讨论教师如何为学生的学习提供脚手架：对现有教材的理解以及其他材料的整合、教学策略的选择、教学资源的提供。

④课例实践：在课例实践的过程中，不断完善教学策略、丰富教学资源，积累经典课例。

我们希望借助新一轮的研究，将教师的视角从单一课例转向全局，能自觉地系统思考学生在小学阶段六年的培养目标。

三、机制优化，聚焦成果

经过近两年的实践，我们清晰地认识到推进项目持续而有效地发展并保持团队活力必然要有一套科学可行的团队运行机制。

（一）以人为中心运作——人才管理

研究表明，有效地培养和管理人才是组织持续成功的关键，它能达到协调资源配置和获得积极结果的目的。基于"团队对人才管理的理解与团队愿景匹配程度""团队对人才管理的理解与组织文化的契合程度"核心观念的支持，我们在推进深度学习项目的过程中明确团队当前和未来教师的发展需求，为有不同发展需求的教师设计有针对性的发展路径。

例如，我们尝试在项目组中招募学术秘书、行政秘书。学术秘书负责收集各种研究信息，包括制作会议纪要和会议简报，并负责学术文件的保管。行政秘书负责协调每周例会及学术研讨的场地安排、摄影摄像、人员考勤等整体运作工作。这两个岗位的设置既有项目发展本身的需要，又有对人才培养的预设。入职两年，具有硕士研究生学历的 H 老师承担了学术秘书的工作，做这项工作既能发挥她本人的学术优势，又能让这位新手教师在整理会议纪要的过程中深入理解项目的核心要素，为下一步的发展做准备。另一位入职三年，同样具有硕士研究生学历的 L 老师承担了行政秘书的工作，学校期待她成长为某一个项目的负责人，独立运行项目，而在这个团队中承担行政秘书的工作有助于发展她的全局思考能力。

这两位教师只是团队中高潜力人才的代表，在这个团队中每位教师都有可能成为高潜力人才。团队的管理者需要思考并逐步建立团队的激励机制，针对团队及个人进行评估和奖励，包括高敬业度评估、低缺勤率控制等。

（二）以事为中心运作——项目管理

深度学习教学改进项目的持续推进，从管理的角度看，本质上就是项目管理的过程。在这个过程中，我们借鉴了以下项目管理的策略。

1. 清晰描绘团队目标及研究脉络

就如 2017 年 3 月到 2017 年 7 月的研究计划一样，在每个阶段，项目组都有清晰明确的研究脉络。我们深知虽然研究脉络只是组织实施运作流程和实现研究目标的手段，但它有助于清晰、快捷地传递信息，以及完成任务和挖掘数据。

2. 聚焦于团队的成果

团队的最终目的，也是唯一真正能评价团队是否成功的标准，是有形的团队成果。我们不仅关注团队的整体成果，也关注每个人在团队中的作用和发展。因此，我们制定了团队公约：每个人都要有贡献；每个人都要有研究成果（研究课、案例、发表文章等）；坚持参加研究，保证出勤。团队公约的制定以及清晰明确的分工和责任保证了团队中的每个成员尽到职责，不需他人过问，就有组织文化和运作流程推动每个人努力工作，尽职尽责，完成团队的任务。

附 录 四

学习资源推荐

刘月霞，郭华. 深度学习：走向核心素养（理论普及读本）［M］. 北京：教育科学出版社，2018.

郭华. 如何理解"深度学习"［J］. 四川师范大学学报（社会科学版），2020，47（1）：89-95.

钟启泉. 深度学习：课堂转型的标识［J］. 全球教育展望，2021，50（1）：14-33.

陆志平. 语文大单元教学的追求［J］. 语文建设，2019（11）：4-6，7.

施茂枝. 深度学习的内涵和特征［J］. 语文建设，2021（2）：4-6，7.

魏善春. 当代课堂教学变革：一种过程哲学的审视［J］. 现代教育管理，2019（12）：63-68.

唐明，李松林. 聚焦意义建构的语文深度阅读教学［J］. 中国教育学刊，2020（5）：60-65.

王宁. 语文核心素养与语文课程的特质［J］. 中学语文教学，2016（11）：4-8.

钟启泉，崔允漷. 核心素养与教学改革［M］. 上海：华东师范大学出版社，2018.

郑昀，徐林祥. 从"双基"到"三维目标"，再到"核心素养"：新中国成立以来语文学科教学目标述评［J］. 课程·教材·教法，2017，37（10）：43-49.

王云峰. 试析语文学科核心素养［J］. 语文建设，2018（2）：4-8.

辛涛，姜宇，林崇德，等. 论学生发展核心素养的内涵特征及框架定位［J］. 中国教育学刊，2016（6）：3-28.

陈先云. 统编小学语文教科书能力体系的构建［J］. 小学语文，2019（1/2）：4-11.

李家栋. 例谈统编教材中语文要素的理解与教学实施［J］. 语文建设，2020（20）：35-38.

王荣生. 关于"语文教学内容"问题的思考［J］. 中学语文教学，2010（9）：4-7.

吴忠豪. 注重语文学习实践性，重构语文课教学方式［M］//语文教育蓝皮书：中国语文教育发展报告（2020）. 顾之川，汪锋. 北京：社会科学文献出版社，2020.

吕映. 有意义的学习活动：内涵、价值与特征［J］. 小学语文教师，2020（1）：4-8.

吕映. 语文学习活动设计的若干要点［J］. 小学教学设计（语文），2020（10）：4-7.

祝新华，廖先. 国际视域下构建"促进学习的评估"新体系［J］. 教育发展研究，2012（15/16）：14-20.

威金斯，麦克泰. 理解为先模式：单元教学设计指南（一）［M］. 盛群力，沈祖芸，柳丰，等译. 福州：福建教育出版社，2018.

高东辉，于洪波. 美国"深度学习"研究 40 年：回顾与镜鉴［J］. 外国教育研究，2019，46（1）：14-26.

李运烨，李延好. 促进学生"深度学习"课例研究体系的构建与实践［J］. 上海教育科研，2020（10）：78-83.

张浩，吴秀娟，王静. 深度学习的目标与评价体系构建［J］. 中国电化教育，2014（7）：51-55.

后　记

　　深度学习教学改进项目是在教育部课程教材研究所基础教育课程教材发展中心的整体设计和指导下开展的。小学语文学科深度学习教学改进项目由上海师范大学吴忠豪教授、丁炜教授和杭州师范大学吕映教授负责。参与小学语文学科深度学习教学改进项目研究的单位有北京市海淀区教师进修学校、河南省郑州市高新技术产业开发区管理委员会社会事业局、江苏省徐州市教育教学研究室、上海市闵行区教育学院、浙江省宁波市鄞州区教育学院等。

　　项目研究过程中，北京市海淀区教师进修学校柏春庆、郝婧坤，河南省郑州市高新技术产业开发区管理委员会社会事业局王明霞，江苏省徐州市教育教学研究室高青，上海市闵行区教育学院景洪春，浙江省宁波市鄞州区教育学院金晓润等老师做了大量策划、研究、组织、分析和整理工作。北京市海淀区实验小学程润、王晓英、冯益勇，江苏省徐州市云兴小学刘敏、赵莉，郑州大学实验小学王欣、王芸、刘柯、何蕊，上海市闵行区浦江第三小学解菊香，浙江省宁波市四眼碶小学季佳赟、宁波市鄞州区江东中心小学吴莹、宁波市鄞州区东吴镇中心小学张路、宁波市贵玉小学季晨等老师参与了项目研究的全过程，特别是在小学语文深度学习教学案例设计、试教、打磨、修改、总结等环节中不断探索、实践、交流、反思、修改，发挥了重要作用。

　　《指南》的出版是集体智慧的结晶。各章的主要编写人员如下。第一章和第三章由丁炜撰写，第二章由吕映撰写，第四章由柏春庆、郝婧坤、程润、王明霞、高青、刘敏、景洪春、金晓润等撰写。全书由吴忠豪统稿。

　　感谢教育部课程教材研究所对小学语文学科深度学习教学改进项目研究的科学设计、具体指导和精心组织。感谢教育科学出版社对《指南》的策划、编辑和出版，特别感谢代周阳编辑为《指南》所做的大量细致、严谨的编校工作。

　　希望本书的出版为小学语文深度学习的理论研究与实践探索提供参考，推动小学语文课程与教学改革的发展。

深度学习教学改进项目小学语文学科组

2024 年 6 月

出 版 人　郑豪杰
策划编辑　池春燕
责任编辑　代周阳
版式设计　孙欢欢
责任校对　贾静芳
责任印制　叶小峰

图书在版编目（CIP）数据

深度学习：走向核心素养. 学科教学指南 小学语文 /
吴忠豪等著. -- 北京：教育科学出版社，2025.1.
（深度学习教学改进丛书 / 张国华主编）. -- ISBN 978
-7-5191-4083-0

Ⅰ. G623

中国国家版本馆 CIP 数据核字第 20244B2M42 号

深度学习教学改进丛书

深度学习：走向核心素养（学科教学指南·小学语文）

SHENDU XUEXI：ZOUXIANG HEXIN SUYANG（XUEKE JIAOXUE ZHINAN· XIAOXUE
YUWEN）

出 版 发 行	教育科学出版社				
社　　　址	北京·朝阳区安慧北里安园甲 9 号		邮　　　编	100101	
总编室电话	010-64981290		编辑部电话	010-64989422	
出版部电话	010-64989487		市场部电话	010-64989572	
传　　　真	010-64891796		网　　　址	http://www.esph.com.cn	
经　　　销	各地新华书店				
制　　　作	北京金奥都图文制作中心				
印　　　刷	河北鹏远艺兴科技有限公司				
开　　　本	720 毫米×1020 毫米　1/16		版　　　次	2025 年 1 月第 1 版	
印　　　张	13.5		印　　　次	2025 年 1 月第 1 次印刷	
字　　　数	172 千		定　　　价	48.00 元	

图书出现印装质量问题，本社负责调换。